齐文化通俗读本

淄博职业学院稷下研究院 编著

山东人民出版社·济南

国家一级出版社 全国百佳图书出版单位

图书在版编目（CIP）数据

齐文化通俗读本/淄博职业学院稷下研究院编著.－－济南：山东人民出版社，2020.12（2021.8重印）
ISBN 978-7-209-12804-9

Ⅰ.①齐… Ⅱ.①淄… Ⅲ.①齐文化－青年读物 Ⅳ.①K871.3-49

中国版本图书馆CIP数据核字(2020)第109661号

齐文化通俗读本

QIWENHUA TONGSU DUBEN

淄博职业学院稷下研究院　编著

主管单位　山东出版传媒股份有限公司
出版发行　山东人民出版社
出　版　人　胡长青
社　　　址　济南市英雄山路165号
邮　　　编　250002
电　　　话　总编室（0531）82098914
　　　　　　市场部（0531）82098027
网　　　址　http://www.sd-book.com.cn
印　　　装　山东华立印务有限公司
经　　　销　新华书店

规　　　格　16开（185mm×260mm）
印　　　张　11.75
字　　　数　220千字
版　　　次　2020年12月第1版
印　　　次　2021年8月第2次
ISBN 978-7-209-12804-9
定　　　价　35.00元

如有印装质量问题，请与出版社总编室联系调换。

传承齐地文化育人　涵养工匠精神铸魂（代序言）

　　党的十八大以来，围绕弘扬中华优秀传统文化、传承中华传统美德的要求，习近平总书记作出一系列重要论述。他强调："传承中华文化，绝不是简单复古，也不是盲目排外，而是古为今用、洋为中用，辩证取舍、推陈出新，摒弃消极因素，继承积极思想，'以古人之规矩，开自己之生面'，实现中华文化的创造性转化和创新性发展。"历经数千年文脉赓续，中华文化通过对学者思想、地域文化、民族文化以及他者文化的吸收和融会贯通，彰显了其丰富性、多元性、包容性和开放性，并成为中华民族绵延五千年强盛不衰的国家软实力。

　　习近平总书记强调："一个民族、一个国家的核心价值观必须同这个民族、这个国家的历史文化相契合，同这个民族、这个国家的人民正在进行的奋斗相结合，同这个民族、这个国家需要解决的时代问题相适应。"中华文化之道是什么？是"仁爱"，是"礼治"，是"圆通"，是以家庭为最小组织单元的道德教化，是以学校为更大延伸空间的知识传递，是以社会为更广阔奋斗天地的实践创造。它促使人努力向上、向善、向好发展，并以内在的"气"与外在的"质"成就具有不同风骨但兼具"和合"气象与良好生存发展能力的个体，从而构建起"和兴万事"的家庭与集体，并最终达成社会的和谐与稳定。

　　《中共中央办公厅 国务院办公厅关于实施中华优秀传统文化传承发展工程的意见》指出，要"把中华优秀传统文化全方位融入思想道德教育、文化知识教育、艺术体育教育、社会实践教育各环节，贯穿于启蒙教育、基础教育、职业教育、高等教育、继续教育各领域"。《国家职业教育改革实施方案》指出，要"宣传展示大国工匠、能工巧匠和高素质劳动者的事迹和形象，培育和传承好工匠精神"。无论科教文卫体，还是农林牧副渔，凡属于社会文明的一切活动及结果，皆须史离不开人类的汗水浇灌和智慧创造。作为首批入选"中国特色高水平高职学校和专业建设计划"建设单位的高职院校，淄博职业学院秉持立德树人、服务社会的使命宗旨，根据区域经济发展对人才培养的需求，结合职教办学特点，深度融合特色地域文化精髓，凝练出"涵育高尚优秀的工匠品德修养，构建科学温润的工匠治理体系，营造优质温馨的工匠成长环境，形成文明优雅的工匠行为规范"的"匠心文化"。淄博是齐文化的发祥地，工业发展已逾百年，为助推地域传统文化传承和现代工业价值转化，着力与中国特色高水平高职学校和专业建设、山东职业教育创新发展高地建设等重大工程紧密结合，凸显职业精神和工匠精神，我们组织编写了这本《齐文化通俗读本》。

本书以传递人文精神与科学精神为基本价值取向，按照章、节、目三级编排，内容上涵盖了齐文化的主要源头、地理环境、形成与发展历程、代表人物、军事、科技、文化等知识，以及齐文化与治国理政、社会主义核心价值观、职业教育、工匠精神等内容。本书的最大特点和创新之处是内容贴近学生实际，体现职业教育特色，注重科学性、知识性和趣味性的统一。书稿易成，但优秀传统文化的教育与传承工作任重而道远。我们意图以本书为起点，开展以"窥全貌，品经典，颂传统"为主题的宣传推广和教育学习活动，并坚持因事而化、因时而进、因势而新。通过借鉴和参考中国传统德育中的"人伦日用"思想，我们力求使齐文化在广大师生心中生根发芽，不仅让他们真正认识齐文化、喜爱齐文化，而且形成文化认同和自觉。如此一来，也能更好地推进学校教学质量的提升，为区域经济和社会发展提供源源不竭的后备力量。

无论文化还是教育，都要由人来开创并传承。先贤之道之所以万古流芳，无非因其合乎天地之道、人生之道、教育之道。习近平总书记勉励广大教师要做"有理想信念、有道德情操、有扎实学识、有仁爱之心"的"四有"好老师。如果广大教师都能以"为天地立心，为生民立命，为往圣继绝学，为万世开太平"为己任，中华文化的河流必将如滔滔江海永不止息，中华民族也终将实现"江山代有才人出"的盛世辉煌和伟大复兴。我们希望《齐文化通俗读本》能够帮助广大教师进德修业，在教书育人过程中灵活运用其中看似"极小"的教育点而达到"四两拨千斤"的效果。我们希望本书的使用能使优秀传统文化理论教学更有温度、思想引领更有力度、文化建设更有深度。我们也希望，本书的问世能够为我国高职院校学生教育和培养工作带来有意义的借鉴和启示。最后，希望我们的探索和尝试得到业内同行的鼓励和指导。

淄博职业学院党委书记　张爱民

2020 年 7 月

目录

1

第一章

齐文化的主要源头与地理环境

扫码学习
相关内容

第一节　齐文化的主要源头

　　齐文化是中华民族传统文化的主要源头之一，也是中华民族传统文化的重要组成部分，它为中华文明的形成与发展作出了巨大贡献。关于齐文化的源头，目前学术界见仁见智，尚无统一定论。有学者认为是一源说，也有学者认为是多源说。对此，宣兆琦先生认为："齐文化既非纯粹本土文化的自然演化，亦非外来文化的全面取代，而是由本土文化之根嫁接外来文化之株后所长成的一棵文化新树。换言之，齐文化是由当时中国东西部两大文化圈在一定的条件下相互碰撞、交流、整合而成的一种新型文化。"

　　齐文化是由东西部两大文化圈相互融合而形成的一种多元文化复合体。其中，东部文化圈主要包括东夷文化以及由此而裂变、发展起来的殷商文化，西部文化圈主要包括姜炎文化和姬黄文化，即上古时期的华夏文化。这些辉煌灿烂的文化共同为绚丽多姿的齐文化的孕育、产生、茁壮成长奠定了坚实基础。尤其是东夷文化，它不仅是齐文化的主要源头，也是华夏文明的重要源头之一。

　　齐文化存在的齐地，本是东夷人的家园。东夷人是上古时期生活在以今山东为中心的东部地区的土著居民。"夷"的称谓，大约产生于夏代，以示与华、夏相别。"夷"字最早见于甲骨文，如甲骨文中多次提到"王正（征）尸方"，这里的"尸方"即"夷方"。起初"夷"大概是一种泛指，并不仅指居住在东方的人们，历史上"东夷""南夷""西夷""北夷"的说法便可证明。后来似乎到了《礼记》，才出现将"东夷"作为特定的部族称呼，并与"南蛮""北狄""西戎"同列并举。如《礼记·曲礼下》中说："其在东夷、北狄、西戎、南蛮，虽大曰'子'。"《王制》篇又说："东方曰夷。"故而许慎在《说文解字》中简洁明快地写道："夷，东方之人也。"这就将"东夷"与"华夏""北狄""南蛮""西戎"清晰地区分开来。

尽管特定的"东夷"概念出现得比较晚，但从实际情况和实质意义上来看，作为我国上古时期三大部族之一的东夷，它所创造的辉煌历史和灿烂文化，对于齐文化乃至中华民族传统文化都作出了巨大贡献，产生过重大影响。

一、东夷考古文化

考古发现，早在四五十万年前，今山东地区就已有古人类居住，这就是可与北京猿人相媲美的沂源人。此后，在整个旧石器时代的各个时期，这片古老的大地上都有人类生产、生活、繁衍。但这些远古人类是否就是后来东夷人的远祖，尚待考证。不过，到了新石器时代，从距今约8000年的后李文化起，中经北辛文化、大汶口文化、龙山文化，直到岳石文化，都是同一个部族的居民所创造出来的不同阶段的文化，这个部族就是东夷。

（一）后李文化

后李文化因发现于淄博市临淄区齐陵镇后李官庄遗址而得名，是齐地迄今已发现的最早的新石器文化。后李遗址的文化堆积分为12层，其中第10—12文化层为后李一期文化，大约距今8000年，第9文化层为后李二期文化，其年代相当于北辛文化晚期，在分类上应属于北辛文化的一种地方类型。后李一期文化，出土有陶器及少量石、骨、角、蚌器等。陶器均为夹砂陶，器类单调，造型古拙。从社会性质看，其应处在母系氏族较为繁盛的时期。其较宽大的居住址，即应为母系大家族制度的产物；而排列有序、俭朴、不分等级的埋葬习俗也是与母系氏族的社会发展阶段相适应的。

（二）北辛文化

北辛文化因发现于滕州市北辛文化遗址而得名，属于新石器文化早期末段，距今7400—6300年。北辛文化时期的先民们不仅改进了打制石器，而且发明了磨制技术，从而提高了生产能力和生活水平。此外，人们还掌握了骨器、角器和牙器的制作技术。在北辛文化遗址发现的遗物中，最能反映这一文化水平和特点的是大量陶器的出现和陶器造型的变化。陶器的出现意味着游动生活的结束和定居生活的开始。另外，从出土的石镰、石铲、磨盘等生产和加工工具来看，这一时期齐地先民们已经进入了原始农业文化的繁荣时期。而陶器造型的变化则标志着女性象征向男性象征的变化。

如北辛文化早、晚两期陶鼎的演变趋势是：器腹上升、底部变大，由深腹尖圜底变为浅腹大圜底，由弧腹变为折腹。这种变化说明这时男性的社会地位已有显著提高，社会形态处于母系社会向父系社会的过渡阶段。

（三）大汶口文化

《齐地古代神话传说》 雕塑 曾成钢创作

大汶口文化因发现于泰安市大汶口遗址而得名，距今6500—4500年，分早、中、晚三期。齐地的大汶口文化，在淄潍流域和胶东地区分布较广，张店浮山驿、安丘景芝镇、潍县鲁家口等遗址都是该时期的典型代表。大汶口文化时期，生产工具的制作有了长足进步。如石器琢磨得通体光滑，且采用了琢穿和管穿两种穿孔技术。透雕、镶嵌、轮制等技术的出现反映了大汶口文化时期原始手工业的发达。酿酒业的出现说明这一时期的原始农业生产水平有了大幅度提高，同时完成了畜牧业和农业的分离。这时的齐地先民还发明了陶文、山头历，懂得占卜，并产生了灵魂不灭的观念。由此可见，大汶口文化时期父权制已经确立，贫富分化现象进一步加剧，私有制似已出现。因此，有学者认为："大汶口文化时期的社会已是阶级社会，产生了高于氏族部落的政治实体——古国，海岱地区从此进入了文明时代。"

（四）龙山文化

龙山文化因1928年首次发现于章丘龙山镇城子崖遗址而得名，距今4400—3900年。龙山文化分布极广，但山东龙山文化最为典型，故又称为"典型龙山文化"。龙

4

山文化的生产工具和生活用具，除了石器、骨、角、牙、蚌器，还有玉器和铜器。石器除了工艺改进，还出现了石镰、石矛等工具，意味着农业有了进一步发展；玉器工具有仿带石斧形的薄玉刀和扁平带玉斧；铜器的出现，标志着生产力有了质的飞跃，预示着社会大变革的来临。龙山文化的陶器，无论是形制、品种，还是数量、质量，都达到了那个时代的高峰。如代表性的器物——蛋壳黑陶，纯黑如漆、坚硬如瓷、薄如蛋壳、造型别致，比例协调和谐，即使是今人仿制也很难达到如此高度。除了制陶业，这一时期还出现了酿造业、纺织业、金属冶炼业等。

此外，山东龙山文化的城址已发现15座之多，分布在全省多地。如中北部的章丘城子崖，东部的五莲丹土，南部的滕州西康留、尤楼，西部的茌平教场铺、阳谷景阳冈等。这些古城址大者40余万平方米，小者仅3500平方米。大城可能是方国或部落都城，小城可能是方国或部落支系所在的邑城。

（五）岳石文化

岳石文化因发现于山东平度东岳石村遗址而得名，距今4000—3600年，是继龙山文化之后的一个文化阶段，是与夏、商文化并存且有独立体系的东夷文化。岳石文化的突出成就，便是青铜器的大量出现。岳石文化时期同样存在众多古国，这一点可以从文献记载中得到证明。

综上所述，积淀深厚的史前海岱古文化，为后来灿烂辉煌的齐文化的出现打下了坚实基础。

二、东夷传说文化

早在中国上古社会，就产生了关于东夷人和东夷文化丰富多彩的传说。其中，最具代表性的有太昊、少昊和蚩尤。

（一）太昊

太昊（亦作太皞），又曰庖牺氏、伏羲氏，风姓，以龙为图腾，其居住地和活动范围在今鲁西与豫东一带，是东夷族风姓部落的著名首领。太昊死后，葬于河南淮阳。太昊后人的封地，《左传·僖公二十一年》载："任、宿、须句、颛臾，风姓也，实司大皞与有济之祀，以服事诸夏。"其中，"任"在今济宁市境内，"宿""须句"在今东平县境内,"颛臾"在今平邑县境内。可见太昊的后裔逐渐由西向东发展。

太昊氏时代可能是剧烈的社会转型时期。据《新语·道基》记载,伏羲"乃仰观天文,伏察地理,图画乾坤,以定人道,民始开悟,知有父子之亲,君臣之义,夫妇之别,长幼之序。于是,百官立,王道乃生"。传说太昊根据天地万物的变化,发明创造占卜八卦,还发明了五十弦的瑟和陶埙等乐器。由此可推测,太昊时代不仅因婚姻形态的变化而进入父系社会,而且设官分职、制礼作乐,俨然进入文明社会了。

(二)少昊

少昊(亦作少皞),名质(亦作挚、鸷),又名金天氏,是黄帝的后裔,嬴姓,又称己(纪)姓,因修太昊之法,故称少昊。少昊部落的活动范围在今山东曲阜一带。除了曲阜周边,少昊的足迹还遍布今山东多地。在东夷部族中,部落组织及图腾崇拜没有比少昊部落更清楚的了。《左传·昭公十七年》中曾记载少昊用各种鸟的名字来命名官职,如五雉为五工正,九扈为九农正等。由此可推测,少昊氏是以鸟为图腾的庞大氏族部落群,其组织严密、设官分职、井然有序,而且社会化程度比较高。

(三)蚩尤

蚩尤,号阪泉氏,姜姓,炎帝之裔。蚩尤不仅是东夷部落联盟的著名首领和英雄,而且是个"发明家"。如《世本》多处记载"蚩尤以金作兵器","蚩尤作五兵:戈、矛、戟、酋矛、夷矛"等。他冶铜铁、制五兵,使东夷部落的社会生产力有了很大发展,也为中华早期文明的形成作出了杰出贡献。在有关蚩尤的诸多传说中,最精彩的莫过于其与黄帝之间的涿鹿之战。传说蚩尤曾与炎帝大战,并打败了炎帝。后来,炎帝与黄帝联合起来对付蚩尤。最终,蚩尤被黄帝所杀,黄帝斩其首葬之,首级化为血枫林。后黄帝尊蚩尤为"兵主",即战争之神。蚩尤也逐渐被神化,并成为齐地"八神"之一,得到了后世齐人的顶礼膜拜。

东夷部落的著名部落首领除了上述三位,还有舜和羿。舜,亦作虞舜,是东夷史前史上最后一个部落——虞氏部落的首领。他率领东夷人大力发展农业、畜牧业、渔业和制陶业。在他的领导和治理下,东夷的社会水平有了显著提高。舜死后把位子禅让给禹,舜也因此成为后世儒家所歌颂的上古圣贤。羿,又称为夷羿、后羿。羿其实有两个:一是传说的尧时大臣,射十日的英雄;一是夏初逐太康而代夏政的后羿。二者都是东夷部落人，故称夷羿。其中"后羿射日"故事中所说的是尧时的羿。传说后羿凭借自己精湛的射术，成功射下了九个太阳，从此人们安居乐业。后羿死后，被人们奉为人间除害之神祇。

三、东夷人的发明创造

东夷人为了生存、繁衍和发展，在与自然和人类自身作斗争的实践中，凭借他们的聪明才智，制造出了实用、精美的石器、骨器、角器、蚌器、玉器等生产工具和生活用品。此外，他们还有很多发明创造。

如，东夷人在生产生活中发明了陶器，其中最著名的就是龙山文化中的典型代表器物——蛋壳陶，它薄如纸、黑如漆、亮如镜，是古代制陶工艺的杰作。在捕鱼过程中发明了渔网，传说太昊伏羲氏曾"结绳为纲以渔"，教会了大家用渔网捕鱼。在狩猎活动中发明了弓箭，《说文解字》载："古者夷牟初作矢。""夷"字是"大"与"弓"的合写，这或许意味着弓箭是东夷人的发明创造。传说有穷氏部落首领后羿就是东夷著名的神射手，历史上也有其"射日"的神话传说。通过这个传说，我们可以想象弓箭在东夷人生产和生活中发挥的作用非常重要。

又如，东夷人在原始农业生产过程中发明了"山头纪历"法，初步掌握了季节的变化规律。在人类还没有发明历法之前，人们只能根据太阳的升起与降落来纪历，而东夷人地处我国东部山东半岛的山地丘陵地带，在他们看来，太阳正好是从东边山头后面出来，到西边山头后面落下，日出、日落都与山头联系在一起。因此，东夷人把山头作为固定标志，观测日出日落的周期，以此来确定时间。在生产实践的基础上，经过对太阳的长期观察，东夷人发明了用山头纪历的原始历法。

此外，城市、青铜器、文字和酒礼制度等的出现，标志着东夷部落进入文明时代。

一是城市的出现。如前文所述，有学者认为，大汶口文化早中期已为城市的产生准备了条件，大汶口文化晚期应已出现原始城市。到了20世纪，传统认为东夷人所居住地区发现了章丘城子崖、阳谷景阳冈、临淄桐林等龙山文化时代的15座城址。从这些城址所形成的不同等级来看，龙山聚落群中存在大批一般聚落，反映了当时社会已形成"都、邑、聚"的等级结构。这说明到龙山文化时期，原先的大汶口文化部落许多已转变为古国。

二是铜器的制造。在制造生产工具和武器的活动中，东夷人发明了冶铜技术。《管子·地数》载："葛卢之山发而出水，金从之，蚩尤受而制之，以为剑铠矛戟……"这里的"金"指的就是"铜"。此外，在考古发掘中，也发现了多处含有铜器或铜炼渣的龙山文化时期的遗址。而从岳石文化遗址中发现的铜制品，无论数量还是种类都较龙山文化时期更多。由此可知，这一时期的人们已掌握了青铜冶炼技术，社会已经进入早期青铜时代。

三是文字的发明。东夷地区的文字，最早是在北辛文化遗址的陶器上发现的，在陶器器底和器腹各发现一个刻画符号。大汶口文化时期已产生了图像文字，如在莒县陵阳河、大朱家村等遗址的陶尊上面，考古人员共发现20余案例，有八九种个体，其笔画工整、规则，具有写实、图形化的特点。而到龙山文化时期，人们又发现了多字成行或成段的文字，如邹平丁公遗址出土的一件泥质磨光灰陶大平底盆底部残片上刻有5行11个字。这些陶文的发现，为研究中国文明起源提供了珍贵的实物资料。

四是酒礼制度的产生。在东夷地区的新石器时代考古研究中，有两个极富创造性的研究成果为世人所瞩目：一是关于陶鬶类型学的研究，一是关于空足鬶的考证。关于空足鬶，有学者认为东夷地区自大汶口文化早期开始流行实足鬶，后发展到空足，一般认为这是一种温水器或温酒器。这些考古实物，成为判断东夷地区酒礼制度产生的重要标志。

东夷人的发明创造还有很多。他们的发明创造精神，对齐文化产生了深远影响，使齐地的科学技术在先秦时代大放异彩。

四、东夷礼乐习俗

（一）东夷礼乐

东夷人热爱生活，因而他们非常喜欢能够调节生活情调的音乐，并且在乐器的发明、改造及音乐创作等方面作出了很大贡献。如《世本》载："庖犠氏作瑟。"《拾遗记》载："（伏羲氏）丝桑为瑟，均土为埙。礼乐于是兴矣。"可见太昊伏羲氏在中华文化史上取得的成就非常卓越。又如虞舜在音乐方面也表现出了非凡的才能,《世本》说他制造了状似凤翼、长二尺的管箫,《吕氏春秋·管乐》说他将瞽叟的十五弦之瑟改造成了二十三弦之瑟。而舜在音乐方面的最大贡献是创作了《韶》乐。《韶》乐在齐地一直广为流传,延至春秋时期,又得到了丰富、发展和完善。孔子赞《韶》"至善又至美",且其"在齐闻《韶》,三月不知肉味",可见东夷音乐的独特魅力。

（二）东夷习俗

东夷人有很多奇特的习俗。"夷俗仁"是《说文》对东夷习俗的概括。《后汉书·东夷列传》云,东夷"言仁而好生……天性柔顺","喜饮酒歌舞",又有尚武、尚侠之风。东夷还有含球、披发文身等习俗。

含球。这种习俗可能与生殖有关,东夷人有鸟图腾崇拜,当地有许多吞鸟卵而孕生的传说。含球象征吞卵,是人们对生儿育女的一种祈愿。也有人认为这是一种武功,含球喷射可以防身。如传说蚩尤兄弟八十一人,"并兽身人语,铜头铁额,食沙、石子"。"食沙、石子"并不是吞食沙石,而是一种防卫手段。还有人认为这是一种原始习俗,与宗教信仰有关。

披发文身。《礼记·王制》云:"东方曰夷,披发文身。"文身即绘身。如《山海经·海外东经》云:奢比之尸人,"兽身人面,大耳,珥两青蛇";雨师妾,"其为人黑,两手各操一蛇,左耳有青蛇,右耳有赤蛇"。所谓人黑,并不是天生的黑,而是绘身的效果。大汶口文化和龙山文化以黑陶最为著称,可能也与东夷人尚黑有关。至于"兽身""珥蛇""操蛇"等,也是文身而成的图形。东夷人的图腾崇拜多为鸟与龙蛇之类,绘身亦与图腾崇拜有关。

《尧舜时代》 油画 李建国创作

综上所述，东夷文化在考古、传说、发明创造、礼乐习俗等方面有丰富的表现形式。东夷文化的这些表现形式既丰富和发展了齐文化的内容，也为我们进一步了解齐地的风土人情、风俗习惯和历史传统，提供了珍贵的素材。

第二节　齐文化的地理环境

马克思主义认为，人与自然有着密不可分的关系。人是自然的产物，是自然的一部分。而自然地理环境是人类活动的场所，为人类提供生产和生活资料，是人类赖以生存的根基。每一种人类文化都有其独特的自然地理环境印记，并在发展中深受自然地理环境的制约和影响。齐文化的形成也不例外。齐文化形成的地理环境主要包括地理形势、气候条件、自然资源和交通条件四个方面。

一、地理形势

我们以先秦齐国最强大时期的疆域为准，其地理范围几乎包括今之山东省全域，未入版图者，仅兖州、曲阜、邹县等小部分地区。此外，其包括今河北省东南部、河南省东部、江苏省北部、安徽省北部淮河以北部分地区。齐文化的地域范围大体与此相符，并呈现出这一地区山、海、川、原等地理形势的综合性特点。

（一）山地丘陵

山地主要包括位于中南部由泰山、蒙山、鲁山、沂山组成的泰沂山脉和位于胶东半岛的群山区。泰山，位于今泰安市城北，主峰玉皇顶海拔1545米，是山东省内第一高峰。泰山因气势恢宏、景色秀丽、名胜古迹众多而被推为"五岳"之首。蒙山，位于泰沂山脉南部，主峰龟蒙顶海拔1155米，为山东省内第二高峰。鲁山，位于泰沂山脉北部，横亘于今淄博市博山区与沂源县交界处，主峰海拔1108米，是山东省内第三高峰。沂山，位于今沂水县与临朐县交界处，主峰海拔1032米，是山东省内第四高峰。胶东半岛群山区较大的山脉主要有崂山、昆嵛山、大泽山等。与上述高山相关联的是鲁中南丘陵和胶东丘陵。其形势大体是以鲁中南泰沂山脉为"脊背"，两侧丘陵为"两肋"，以胶东丘陵为"颈椎"的骨架构势。其面积五六万平方公里，约占全省总面积的30%。

山地丘陵的地势在一定程度上会导致交通不便，容易使人隔离封闭。但齐地群山海拔不太高，丘陵起伏较小，尚未达到高山峻岭的程度，加之河谷、盆地错落其中，平原、大海环列其外，因而齐国境内的交通尚称方便，这不仅有利于齐文化的形成发展，也有利于邻国使者、商旅、学者的交流往来。

此外，山地丘陵为齐地的林牧业、采矿业、冶铸业的发展提供了有利条件，大大促进了该地区物质文明的发展。大山的深邃和神秘，还使齐人产生了山石崇拜。如齐地的八神之祠，除了蚩尤，其他均与山有关，尤其是祀山等文化现象，对中国历史的影响更加深远。这些都极大地丰富了齐文化。

（二）海洋河川

齐地濒海。山东半岛被渤海、黄海环绕，大陆海岸线蜿蜒曲折3000多公里，沿海滩涂约3000平方公里，近海岛屿290多个。此外，齐地的水系十分发达，河川交错，干流在10公里以上的河流有1500多条。境内比较有名的河流有黄河、济水、沂水、大汶河、淄水、小清河等。河川之外，齐地古代多湖沼，仅鲁西平原就有雷泽、大野泽，还有以今济宁为分界的山东"南四湖"和"北五湖"。

濒临海洋，一方面造就了齐人积极向上、锐意进取的精神。浩瀚无垠、烟波飘渺的大海给那里的人们提供了发挥想象、任情幻想的空间，正是大海的汹涌澎湃、生生不息，赋予齐文化阳刚之气，才有了桓管春秋首霸的伟业和徐福东渡探险的壮举。另一方面也造就了齐人思想自由、兼容并包的博大胸怀。《管子·形势解》说："海不辞水，故能成其大。"李斯在《谏逐客书》中也说："河海不择细流，故能就其深。"正是这种海纳百川、虚怀若谷的精神造就了齐文化博采众长、百花齐放的特质，才有了临淄城的商贾云集和稷下学宫百家争鸣的盛况。

（三）广阔平原

齐地的平原主要包括山麓堆积平原、胶莱平原、鲁西南鲁西北平原和黄河三角洲冲积扇。山麓堆积平原分布在泰沂山脉丘陵外缘,是泰沂山地北向华北平原、南向江淮平原的过渡地带,一般海拔在40—70米。胶莱平原介于鲁中山丘区与胶东丘陵区之间,系潍河、弥河、胶莱河等冲积而成,海拔多在50米左右。鲁西南、鲁西北平原由黄河泛滥冲积而成,位于运河湖带以西,胶济铁路以北,东与胶莱平原相望,海拔多在50米以下。黄河三角洲冲积扇系由黄河入海口及周围地区组成。土层深厚、蕴水丰富的平原为齐文化的发祥提供了理想地域。

二、气候条件

就气候而言,考古学家研究发现,距今10000—5000年的黄帝时代,先秦齐地的气候要比今天温暖湿润。从今山东、河南、山西、陕西等地新石器时代遗址发掘出的属于长江以南的鹿、箭齿猪、竹鼠以及稻谷、竹节等动植物遗存来看,先秦时期,溯至黄帝时代,或者更久远一些,今黄河中下游一带气候温暖,雨水充沛,与今之江南地区相似。

其实,通过诸多文献史料,我们也能得知先秦齐地的气候确实温暖湿润。如《晏子春秋》载:"景公树竹,令吏谨守之。"可见当时齐地可栽种竹这种传统上被认为属于南方的植物。又如《周礼·职方氏》载:"青州……其谷宜稻麦。兖州……其谷宜四种(黍、稷、稻、麦)。"可见当时齐地多种喜温湿气候的稻等农作物。再如《史记·货殖列传》载:"齐、鲁千亩桑麻。"可见当时齐地多种喜高温湿润的桑麻。因此,我们可以得出结论:先秦齐地的气候比较温暖,雨水比较充沛,属于暖湿气候。

暖湿气候为齐人的生产生活提供了肥沃的土地和丰富的物产,因而使齐人有较多的闲暇时间从事娱乐等活动,故而精神文化比较发达。但自然灾害频发以及生产力水平还比较低,又使齐地先民不得不辛勤劳作以满足生活的需要。由此可知,齐地先民正是在劳作和闲暇交替的过程中创造了物质和精神文化。

三、自然资源

先秦齐地的自然资源十分丰富,无论是土地、水,还是动植物、矿产资源,都为齐文化的繁荣发展提供了坚实的物质基础。

（一）土地资源

土地是人类赖以生存和发展的物质基础。对于以农业为主的古代文明来说，土地更是具有决定性的作用。土地资源的多寡在很大程度上决定着一种古代文化的兴衰和发展水平的高低。

几千年前姜太公初封立国时，齐国的土地资源十分贫乏。当时齐国疆域仅方圆百里之地，并且土地贫瘠。这种情况一直到春秋时期桓管改革前夕，都没有太大变化。桓管称霸期间，或通过战争兼并，或组织移民垦荒，大力推行广土政策，扭转了以前那种国狭地少的局面。其后，齐国历代统治者大都奉行这一广土垦田政策。到了战国时期，齐国疆域更广阔了，《战国策》记载："齐地方数千里。"耕地面积也随之大幅度扩展，"齐带山海，膏壤千里，宜桑麻"。延至西汉，太史公目睹的景况是"自泰山属之琅邪，北被于海，膏壤二千里"。广阔而又肥沃的土地为齐国农业生产的发展提供了极为有利的条件。

齐国的土壤种类多样，肥沃程度也不同。《管子·地员》根据土质差异及距离泉水深浅，把齐地土壤分为五大类，即息土、赤垆、黄唐、斥埴和黑埴。此外，还有海边滩涂和山地等。土地的多样性使齐地物产呈现出丰富多样的特点，从而为齐国发展农、林、牧、渔兼有的综合性农业结构提供了条件。

（二）水与水产资源

水是生命之源，人类文明多起源于大江大河流域。先秦齐地背山抱海，境内河流如织，湖泊星罗棋布，水资源极为丰富。

一是齐地濒临渤海、黄海，海岸线蜿蜒曲折，滩涂、岛屿众多，沿海有众多天然港湾。良好的海域优势，为齐文化的发展提供了取之不尽、用之不竭的海产资源。据统计，仅近海栖息和洄游的鱼虾类就达260多种，其中的小黄鱼、带鱼、鳕鱼、对虾等30多种海产品具有较高的经济价值和食用价值；沿海滩涂及浅海贝类众多，有牡蛎、鲍鱼、扇贝等20多种。此外还有海带、海菜、海藻、龙须菜等可食用的海生植物。最重要的是，大海能给人类提供其生活所必需的矿物产品——碘、盐等。正因如此，姜太公建齐后，非常重视对鱼盐之利的开发，即典籍中所说的"便鱼盐之利"。

二是齐国故地水系比较发达。据统计，自然河流的平均密度每平方公里在0.7公里以上，干流长10公里以上的河流有1500多条，这些河流分属于黄河流域、海河流域、淮河流域、小清河流域和胶东水系。在齐地境内和边缘地带还有为数众多的湖泊，如以今济宁为分界的"南四湖"和"北五湖"。这些河川湖泊为齐地先民提供了丰富的淡水产品，如鱼、虾、蟹、贝、龟等动物资源，以及菱角、芦苇、莲藕、荸荠等植物资源。种类数量之多，不亚于海产品。

总而言之，齐地丰富的海水与淡水资源为齐国经济的发展提供了有利条件，与其他因素共同促进了齐文化的发展。

（三）陆生动植物资源

齐地地形地貌多样，陆生动植物种类也比较丰富。

一是陆生植物资源。根据初步调查，现今山东境内总计各种植物约有3100种。先秦时期，齐地接近于亚热带气候，植物的生长环境比现在要优越得多，因而植物种类应该比现在要多。此外，齐地有丰富的中药材和香料资源，《管子·地员》篇就列举有白芷、何首乌、薄荷等几十种药材和香料。丰富的植物资源不仅有利于平衡生态，也为齐国的林牧业、建筑业、冶炼业和医药业的发展提供了便利条件。

有必要指出的是，在众多植物中，桑、麻对先秦齐民的影响和作用最大。我国古代基本以"男耕女织"的小农经济生产模式为主。在棉花没有传入我国之前，纺织的主要原料一为丝，二为麻。由于齐地多桑、麻，故齐国的纺织业异常发达，这就是典籍中所说的齐地"冠带衣履天下"。

二是陆生动物资源。先秦齐地的野生动物、飞禽等种类多样。据不完全统计，现今山东省境内共有陆栖脊椎动物和飞禽400多种。先秦时期，齐地自然环境类似于今天的江南，并且有良好的生态环境，可以推断，当时的动物，包括飞禽，无论就品种还是数量来看，都要比今天多。这些动物和飞禽，可以供时人狩猎以充生活之资，可以用作祭祀和礼品，也可以用来制造生产工具、生活用具和武器等，总之是齐人生产、生活中必不可少的生产资料。

（四）矿产资源

齐地矿产资源也相当丰富。据统计，今已发现矿产97种，探明并保有储量的65种。其中黑色金属矿4种，有色金属矿20种，稀有金属主要有钼、铀、稀土等，非金属矿种类齐全，燃料类主要有煤、石油、天然气和油页岩4种，地下热水矿1种。据

《管子》一书记载，古代就已发现金、铜、铁、铅、锡等。可见，当时齐国的矿产资源不仅品类多、储量大，而且已被开发和利用，并且齐国的冶铸业已走在时代前列。

综上所述，丰富的自然资源使齐国具备了富强的资源基础，这是齐人立国养民、赖以生存的根基。

四、交通条件

无论是古代还是现代，交通是否发达，道路是否畅通，都会影响一个地区或国家的发展。与其他内陆诸侯国相比，先秦齐国在交通方面有着无可比拟的优势。

一是陆路。据有关专家考证，先秦齐国的陆路交通要道主要有东西横贯大道、临淄福山道、海阳日照道、黄县青岛道、即墨日照道、临淄莒南道、平度日照道、齐鲁大道、临淄通往赵卫两国的交通要道以及临淄通过陶地接连子午线的交通线。除了上述10条要道，似乎还应有齐燕道和齐邹道。这些交通要道，或是交通主干道，或是战略大动脉，或是鱼盐运输线，或是运粮补给线。这些通道联结后可通往"五鄙""五都"，加上聚落的多级道路，从而构成了以齐都临淄为中心的交通网格。

二是水路。齐国的内地水上交通线主要包括济渭交通线、济淄运河线，以及济水南下又往西南流，与吴王夫差所筑的一条运河接线。济渭交通线是齐国与中原地区各诸侯国交流沟通的主要线路；济淄运河线既可航运又可灌田，其造福齐民，意义重大；济水南下又往西南流，与吴王夫差所筑的一条运河接线，是齐国通往南方和西南方各诸侯国的重要水上干线。另外，齐国境内众多的河流，如小清河、潍、淄、弥等河，由于大多坡缓水宽，宜于行舟，所以也是当时齐国重要的水上交通要道。

三是海路。齐国三面临海，所以海上交通非常便利。早在新石器时代，在山东半岛和辽东半岛之间就已经有了海上交通，后来逐步形成了两大海上通道。一条是齐国通往吴越的海路。《左传》曾记载齐人杀掉齐悼公后，吴人徐承率领水军从海上攻打齐国，但被齐国打败；《史记》也说勾践灭吴后，"范蠡浮海出齐"。可见春秋末年齐国与吴越之间的海道已开通。另一条是齐国通往朝鲜、日本的海路。早在龙山文化时期，山东半岛沿海地区就已有比较发达的航海业了。后经数代齐地先民的艰苦探索，终于开辟出从齐国到达日本的海上通道，即从山东半岛出发，北上经过庙岛群岛，到达辽东半岛的南岸，折东转向朝鲜半岛西岸南行，过对马海峡，到日本北九州，然后沿濑户内海到达日本京畿地区。

总之，海路与陆路、内地水路交织在一起，共同构成了齐地水陆交通网。正是依赖这张交通网，齐国得以开展征战盟会、使节互访、商旅往来、文化交流等诸多活动。

| 思考题 |

1. 为什么说东夷文化是齐文化的主要源头之一？

2. 在东夷人的发明创造中，哪一项发明给你的印象最深刻？试说一下理由。

3. 简要论述一下地理环境对齐文化形成的影响。

第二章　齐文化的形成与发展历程

第一节　齐文化的形成

齐文化的形成与发展经历了一个较长的历史过程。在这一过程中，以姜太公封齐为标志，可分为两个相关的发展阶段。前一阶段表现为东西部两大文化圈局部融合的渐进过程，后一阶段表现为东西部两大文化圈整合为齐文化的质变过程。其中发生质变的契机，则是周武革命，天下更始。

自炎黄部落大战起，至周文王、武王革命止，是齐文化的孕育阶段。在这一阶段，齐文化既表现为东西部两大文化圈各自内部的融合，又表现为两大文化圈之间的碰撞与融合。其碰撞与融合的方式，主要表现为战争、通婚、民族迁徙、政治干预、公共工程、生产生活等。尽管东西部两大文化圈的交流，就齐文化的形成而言是局部的、渐进的、非质变的，但其为齐文化的最终形成创造了必不可少的前提条件。其后，伴随着商朝统治的衰落及周朝的发展壮大，齐文化形成的契机最终到来。

前11世纪，商灭周立。以周武王为核心的统治集团，为了维护和巩固刚建立的政权，在周公制作礼乐的同时，大力推行三大制度，即经济方面的井田制，政治方面的宗法制和分封制。所谓分封制，即封邦建国，以藩屏周。《荀子·儒效》载，周初共分封了71个诸侯国，其中姬姓诸侯国53个，异姓诸侯国18个。姜太公便是以首功被分封在齐的异姓诸侯。

姜太公封齐后，试图把西部华夏文化圈的文化要素引入东部夷人文化圈，却遭到了东夷文化的抵抗，并在封齐之初遇到了莱夷武力争国、狂矞和华士非暴力不合作、营荡以礼乱国等挑战。在这种特殊的背景下和环境中，姜太公采取了"因其俗，简其礼"的策略。在这种策略的指导下，姜太公创造性地将西周王朝设置的各种制度和方针政策，与东夷地区的传统文化习俗有机结合起来，从而奠定了颇具特色的齐文化基础。可以说，在姜太公的思想和实践活动中，几乎包含了齐文化的全部基因。具体来说，主要表现在以下几个方面。

一是手工业与商业相结合。西周以农立国，《诗经》中有许多描述农事的篇章，反映了周人较高的农业水平。原本姜太公应将周人发达的农业文明带到齐国，但如前文所述，太公封齐之初，齐国地盘不大，且沼泽遍地，土壤碱化，不宜种植庄稼。

然而齐国复杂多样的自然条件中也有许多有利因素，如大海、滩涂、河湖为齐国提供了丰富的鱼盐资源，又如低山、丘陵、平原为齐国提供了桑麻种植条件，加之境内富含矿产资源，因此，齐地的纺织业、冶炼业、制陶业等手工业十分发达。姜太公根据齐地的客观条件，因时因地制宜，确立了符合国情的经济发展方针——通商工之业，便鱼盐之利，重点发展丝麻纺织业和鱼盐贩卖等商贸活动。这一经济方针奠定了齐国滨海工商经济的文化类型。

二是国君主权与贵族分权相结合。从政治体制来看，西周是一个君主制社会。君主是社稷代表、国家象征，拥有天下一切。"普天之下，莫非王土；率土之滨，莫非王臣"，就是对这一历史事实的概括。姜太公封齐后，也在齐国推行君主制，但并不是说君主就不受任何制约了。从理论体系上看，君主也是被规定的对象，其不仅受到天、人的制约，还受名分、伦理道德的制约；从实际情况看，太公受封时的齐地，一方面有着浓厚的原始民主政治色彩，另一方面旧的贵族依然保有很强的实力，姜太公不得不把一部分权力让出来，和其他贵族共分共享。因此说，姜太公实际上建立起来的是一种以君权为主导的贵族联合政体。这种政体既维护了君主的中心地位，又扩大了统治阶级的政治基础，增强了阶级统治力量。

三是世卿世禄制与尊贤尚功相结合。西周是一个以周天子为天下共主，以各诸侯国君为主体，包括卿、大夫、士等各个层级在内的贵族社会，因而世卿世禄制是当时维护世袭贵族利益、维系社会体制的根本制度之一。姜太公对实施此制度坚定不移。只是姜太公在坚持世卿世禄制的前提下，又增加了"尊贤尚功"的用人策略，他任人唯贤，不压制、埋没人才，以此作为对前者的补充。这样，世卿世禄制巩固了上层贵族的地位，"尊贤尚功"则吸收了下层杰出人物，两者都为己所用，从而壮大了统治力量，这不仅可以有效地缓解部族矛盾，增强统治力量，而且可以更好地巩固新兴的政治经济制度。

四是分封制与公社制相结合。分封制是西周最基本的政治制度之一。《左传·桓公二年》载："天子建国，诸侯立家。"《礼记·礼运》载："天子有田以处其子孙，诸侯有国以处其子孙，大夫有采以处其子孙。"意即诸侯从周天子受封后，在自己的国内可以而且必须建立许多采邑，以处其子孙，这叫立家。太公在推行封建制度的同时，还保留了传统的农村公社制度，这些农村公社保留着公仓、赈恤、祭祀等职能。这为齐国的贵族政治平添了许多民主色彩。

五是爱民与尊神相结合。商亡周兴的事实让姜太公认识到：得民者得天下，失民者失天下。因此，他主张"爱民"，认为"治国之道，爱民而已"。姜太公不仅主张爱民，而且主张尊神。重人事未必就一定轻鬼神，因为西周时期人们认为天人是相通而不是背离的。如《尚书》曰："天视自我民视，天听自我民听。"认为天意就是民心的集中表现，重人事亦算敬鬼神。西周尚且如此，又因为东夷人与殷人同属东部文化圈，长期受殷商的政治影响和文化感染，因此，姜太公治齐也奉行敬神思想。《史记·封禅书》载齐国有八祠，祭祀八神，"八神将自古而有之，或曰太公以来作之"，就是很好的证明。姜太公把敬神与爱民有机地结合起来，既得天意，又顺民心，有效地巩固了统治。

六是道与术相结合。姜太公治齐立足于道，《新书》载："师尚父曰：'夫天下者，唯有道者理之，唯有道者纪之，唯有道者使之，唯有道者宜处而久。故夫天下者，难得而易失也，难常而易忘也。故守天下者，非以道则弗得而长也。故夫道者，万世之宝也。'"讲道、重道体现了姜太公治国的原则。此外，姜太公治齐辅之以术。姜太公是我国古代最伟大的军事家之一。每逢战争，他都要考虑天时、地利、人和诸多因素，用兵采取"有者无之，无者有之"的灵活机动战术。姜太公将军事上的权术巧妙地用于政治，形成了他的政术思想和策略。

七是礼与法、德与刑相结合。姜太公治齐把周之礼和德作为模范。如前文所述，孔子曾到东夷去行道，以礼义君子之国视之。又如《绎史》引《新书》载："太公曰：'礼，鲍鱼不登于俎，岂有非礼而可以养太子哉？'"连如何用鲍鱼这样的小事都讲礼，大事就更要讲礼了。此外，姜太公讲"仁"和"爱"。他认为，以"仁""爱"对待百姓，国家才能够长治久安。当然，姜太公推行礼制和德治，并不意味着他放弃刑和法。古者刑法不分，均源自战争。如最早的五种刑罚，墨、劓、剕、宫、大辟，就是在战争中用来处理战俘的手段和方式。姜太公将军事上的刑和法用以治国，便形成了他的法治思想。正因为姜太公治国以礼、德为体，以刑、法为用，所以后来产生的齐法家学派便明显有别于刻薄寡恩的秦、晋法家学派。

综上所述，姜太公以其超人的智慧和气魄，在对姬周文化和东夷文化皆有损益的前提下，使二者完美地结合起来，从而初步形成了一种新型文化，即齐文化。

第二节　齐文化的发展历程

我们根据齐文化变迁与发展的情况及其表现出来的特征，可将其发展过程大致划分为六个阶段，即太公建齐至庄、僖小霸，为齐文化的初步发展时期；桓管称霸为齐文化的第一次高潮时期；桓管霸业衰落至田氏代齐，为齐文化的继续发展时期；战国中期为齐文化的第二次高潮时期；齐闵王以后至秦末为齐文化的曲折发展时期；西汉初年为齐文化的第三次高潮时期。

一、齐文化的初步发展

建国初期，姜太公推行的一系列行动举措使齐文化初步形成并获得一定的发展。周康公六年，姜太公去世，其子吕伋即位，是为丁公。关于丁公的事迹，史料记载非常简略，但无论是周公东征时参加平定叛乱，还是成康之治时参赞军政事务，抑或是昭、穆征伐时出兵助王作战，丁公的一系列战略决策都将齐国和齐文化向前推进了一步。

丁公死后，乙公得、癸公慈母、哀公不辰相继即位。关于乙公和癸公，史料记载不多，难以令人窥探其事迹。关于哀公不辰，史料记载也比较有限，但从史料中可以看出，哀公是一个荒于政事、荒淫无度的昏君。他不仅没有把国家治理好，而且和邻邦纪国的关系也处得十分紧张，结果纪侯向周夷王进谗言，致使哀公遭烹而死。哀公被烹，导致齐国和纪国成为世仇，并引发了齐国公室的一系列内乱，也使齐文化的发展遭受了重大挫折。

哀公死后，他的异母弟吕静即位，是为胡公。此时齐国公室内部矛盾重重，争权夺利斗争日趋激烈。为加强统治，胡公毅然将国都从营丘迁往薄姑（今博兴县境内）。但是，迁都并没有缓和内乱带来的冲击，哀公的同母弟吕山认为胡公抢了本该属于他的君位，因而他发动政变夺取了政权，自立为君，是为献公。献公即位后做了两件大事，一是把胡公的儿子全部驱逐出境，二是迁都临淄。献公死后，其子吕寿即位，是为武公。武公死后，其子无忌即位，是为厉公。

献公、武公执政期间，正是周夷王、周厉王在位时期，这时的周王室正逐步走向衰落。周厉王是一个贪婪暴虐的统治者，他任用佞臣，垄断山林川泽，与民争利，导致国内矛盾日益激烈，国人敢怒而不敢言，只能"道路以目"。前840年，国人在镐京暴动，周厉王仓皇出逃，于是召公、周公临时主政，史称"共和行政"。这次暴动动摇了西周王朝的统治基础，加速了西周的崩溃。

与此同时，献公执政的齐国却政治清明、社会稳定，尤其是迁都临淄后，齐文化得到了一定程度的发展。但是，献公在夺权后犯了一个严重的错误，那就是没有对他的政敌予以坚决打击，结果留下了隐患。这个隐患终因献公的孙子厉公在位时的政治混乱而爆发。厉公在位时暴虐无道，导致众叛亲离、国难人怨，这时流亡在外的胡公子孙们认为机会来了，于是发动政变。在这场政变中，厉公被杀，胡公的子孙们也都战死，厉公的儿子吕赤即位，是为文公。文公在位时期，齐国政局终于稳定下来。文公死后，其子成公脱即位。成公死后，其子庄公购即位。

齐庄公在位期间，周王室又发生一件大事。前771年，周幽王在位时，宠爱妃子褒姒，他屡次以边疆民族进犯中原为借口，点燃烽火戏弄诸侯，只为博得褒姒一笑，并且他废嫡立爱、丧德失政，使得朝野混乱，诸侯叛离。结果申侯联合缯与犬戎等部落发动叛乱，幽王仓皇出逃，最终被杀于骊山之下，西周灭亡。幽王死后，其子宜臼即位，是为平王。周平王将都城由镐京迁往洛邑，建立了东周。

相比周王室的这次大动荡，这时的齐国在庄公及其儿子僖公的治理下国力日增，在诸侯国中的地位大大提升，并且齐国先后与郑、鲁、宋、卫等国建立同盟，担负起了尊王室、攘夷狄、平内乱的重任，从而奏响了齐国春秋争霸的序曲。正是庄、僖小霸的功绩，为齐文化的发展开辟了新局面，并且迎来了齐文化发展史上的第一次高潮。

二、齐文化的第一次发展高潮

齐文化的第一次发展高潮，是在特定的时代和社会背景下出现的。这一文化高潮既是管仲改革和桓公称霸的结果，又有机融合于管仲改革和桓公霸业的整个过程之中。

（一）襄公之乱与桓公登位

自平王迁都洛邑之后，王室日渐衰微，周天子的地位一落千丈，由"礼乐征伐自天子出"逐渐变为"礼乐征伐自诸侯出"，各路诸侯纷纷起而争霸。齐国在复兴之后亦力图创一番新霸业，但在庄、僖之后又出现了一场公室内乱。

前698年，齐僖公驾崩，留下三个儿子，太子诸儿、公子纠和小白。僖公死后，太子诸儿即位，是为襄公。襄公欲继承先君遗志称霸天下，却难掩自己的昏庸。他即位后穷兵黩武，乱政误国，结果使齐国又一次跌入低谷，齐文化发展再次受到挫折。

在国外，襄公发动了对纪国（位于今山东寿光境内）的战争。齐、纪毗邻而居，又同为姜姓，本应和睦相处，但自从九世祖齐哀公被纪侯谮言遭烹于周王室后，齐、纪便结为世仇。在经历了纪国衰落而齐国强大之后，到了襄公时代，齐大举伐纪，并最终攻下纪国都城，灭了纪国。此外，在灭纪的过程中及其后，襄公又先后伐卫、伐郑、灭郱、平鄣、侵鲁，虽然取得了一些成就，但连续的对外战争既造难于邻国，失了人心，也消耗了自己，导致国势衰落。

襄公荒淫奢侈、怠于政治，国家治理得比较糟糕。《国语·齐语》中就记载襄公"不听国政，卑圣侮士，而唯女是崇。……食必粱肉，衣必文绣"。他还败坏人伦，与同父异母的妹妹且已成为鲁桓公夫人的文姜私通，并因事发而谋杀了鲁桓公，致使齐、鲁两国关系恶化，为安抚鲁国，他又诛杀了杀掉鲁桓公的公子彭生。齐襄公荒淫无耻、滥杀无辜的恶劣行径，使国内人心惶惶，公子群臣为避祸乱，纷纷出逃，其次弟公子纠逃到了鲁国，三弟公子小白逃到了莒国。

襄公的一系列行为举动，使齐国的国内和国外矛盾迅速激化，一场政变由此爆发。前686年，襄公堂弟公孙无知联合当时齐国大夫连称、管至父，以及连称的堂妹发动政变，于冬十二月弑杀襄公，公孙无知登位成为齐国国君。然而，这个公孙无知也是一个昏庸残暴的人。由于他曾虐待渠丘大夫雍廪，在他即位后的第二年（前685）就被雍廪所杀。

连续的内乱导致齐国出现了无国君的散乱局面。为了稳定政局，必须要选出一位合适的人来担任君主。就当时的情况来看，有两位合适的人选：一位是逃亡避难于鲁的公子纠，另一位是逃亡避难于莒的公子小白。齐襄公诸儿死后，公子纠成为长子，加之公子纠母为鲁女，拥有鲁国这方面的外援，又有管仲、召忽的辅佐，因而公子纠具有争夺君位的优势条件。另一方，公子小白因自幼与高傒友善，因而得到了齐国世袭上卿大贵族国氏、高氏的支持，再加上鲍叔牙的帮助，公子小白的实力也不容小觑。双方对君位展开了激烈争夺，最终公子小白捷足先登，被立为国君，是为齐桓公。

齐桓公即位后，威胁庇护公子纠的鲁国。鲁国担心齐国入侵，所以在笙渎处死了公子纠。召忽自杀，管仲则被押回齐国。

（二）管仲改革与桓公称霸

齐桓公登位后，前景并不乐观，当时齐国政治动荡、经济凋敝、民心惶惶。为了让齐国尽快走出困局，继而重现庄、僖之时的局面，桓公从善如流，贤明豁达，他听取鲍叔牙的建议，不计前嫌任用管仲为相，君臣二人同心合力，踏上了真正开辟春秋第一霸业的道路。

管仲（约前725—前645），姬姓，名夷吾，字仲，谥敬，齐桓公尊称其为仲父，颍上（今安徽颍上县）人，春秋时期法家的代表人物，是著名的经济学家、哲学家、政治家和军事家。

关于管仲的生平经历，史书中多有记载。张守节在《史记正义》中引韦昭语："管仲，姬姓后裔，管严之子敬仲也。"《战国策·秦策五》讲他是"贾人也，南阳之弊幽"。《说苑·尊贤》说管仲曾为"成阳之狗盗"。在《史记·管晏列传》中管仲也曾自述："吾始困时，尝与鲍叔贾，分财利多自与，鲍叔不以我为贪，知我贫也。吾尝为鲍叔谋事而更穷困，鲍叔不以我为愚，知时有利不利也。吾尝三仕三见逐于君，鲍叔不以我为不肖，知我不遭时也。吾尝三战三走，鲍叔不以我为怯，知

《齐桓公称霸》　中国画　岳海波、李兆虬创作

我有老母也。公子纠败，召忽死之，吾幽囚受辱，鲍叔不以我为无耻，知我不羞小节而耻功名不显于天下也。"由此可知，管仲虽为姬姓后裔，但早已丧失贵族身份，并且长期处于社会底层，做的也多是低下卑贱的工作。这段苦难的人生经历虽然艰辛，却也开阔了他的视野，丰富了他的阅历，磨炼了他的意志，为他后来经邦治世打下了坚实的基础。

齐僖公三十三年（前698），管仲开始辅佐公子纠。结果公子纠争位失败，管仲也成了桓公的阶下囚，幸而得到了鲍叔牙的推荐，桓公擢管仲于缧绁之中，委以相任，授以三权，尊为仲父。管仲也深感桓公信任之恩，尽心尽力辅佐桓公成就了一番轰轰烈烈的霸业。

任职期间，为了达到"君霸王，社稷定"的目的，管仲在政治、经济、文化、军事、法制、外交等方面进行了一系列改革，首开春秋战国时期各国变法改制之先河。

管仲改革旨在富国强兵，因而带有很浓厚的功利色彩。他改革的纲领包括"修旧法，择其善者而业用之"。所谓"修旧法，即整饬宗周的礼制，以修复文武周公坠地的旧法，把'世法文武远绩以成名'的昭穆二王作为效法榜样。对旧法，依时势的发展，将其合理部分'择其善者'行于今世，对那些与现实相左的礼法，则另外别创新法以便施行。管仲借助先王成法的名义，减少旧贵族反对造成的阻力，在旧有的口号下注入新的内容，进行根本性的改革"①。管仲确立的这些改革纲领及指导思想，使其改革取得巨大成功，为桓公称霸创造了重要的前提条件。

管仲改革的成功，使齐桓公踏上了开辟春秋第一霸业的道路，而桓公的创霸之举则是在"尊王攘夷"旗帜下进行的。

周平王东迁后，虽然王室衰微，但由于传统文化的影响，至少在人们的心理和道义上来说，周天子仍然是天下共主，是不可随意侵犯的。桓公和管仲正是看准了这一点，才提出"尊王"的政治口号。其短期目标是统一周室，周王无力，就由霸主，即诸侯长受王命而代行其职。其远期目标则是建立一个大一统的中央集权制国家。因此，这个口号既具有稳定当前局势的重要现实意义，又具有启示社会进步的长远意义。

"攘夷"和"尊王"是同一个问题的两个方面，"尊王"必须"攘夷"，"攘夷"也是"尊王"。因为在当时的人看来，夷狄非我族类，同族同心同德，异族异心异德，因而才有了"戎狄豺狼，不可厌也；诸夏亲暱，不可弃也"的心理。由此可见，"尊王攘夷"是齐桓公在强权政治的基础上，用来获得霸权的最主要、最重要的战略方针和政策。"尊王"，可以收到挟天子以令诸侯的效果；"攘夷"，则可以调动民族情绪，从而获得广大华夏族的拥护。

齐桓公称霸自前685年起，至前643年止，大致经历了六个阶段。

第一阶段自齐桓公元年（前685）至五年（前681），为称霸的准备时期。为开创霸业，在齐桓公的支持下，管仲进行了全方位的改革，实现了富国强兵的目标，从而为桓公创霸打下了坚实的基础。

第二阶段自桓公五年（前681）至七年（前679），为始霸时期。其间，齐国灭遂、败鲁、服宋。桓公七年春，齐、宋、陈、卫、郑会于鄄，齐桓公被推为盟主，故《左传·庄公十五年》载："复会焉，齐始霸也。"

第三阶段自桓公八年（前678）至十九年（前667），为霸业的初步发展时期。其间，齐国进一步协调了齐、鲁、郑、宋、卫、陈、蔡、曹八国同盟的关系。桓公十九年，周惠王派召公廖"赐齐侯命"，或曰"赐齐侯为伯"，正式承认了齐桓公的霸主地位，标志着齐国霸业又向前推进了一大步。

---

① 王阁森、唐致卿主编：《齐国史》，山东人民出版社1992年版，第181页。

第四阶段自桓公二十年（前666）至三十年（前656），为霸业的进一步发展时期。这一时期多方变乱，华夏诸侯危如累卵，于是桓公率领盟国存邢救卫，北伐山戎，南伐强楚，迫使楚国盟于召陵，故"荆州诸侯，莫不来服"。

第五阶段自桓公三十一年（前655）至三十五年（前651），为霸业的顶峰时期。这一时期的鲜明特点是尊王室，发生的重大事件则是葵丘之会。葵丘之会，即周王派宰孔作为代表与会，并赐桓公胙，标志着桓公的事业达到了顶峰。

第六阶段自桓公三十六年（前650）至四十三年（前643），为霸业的衰落时期。葵丘会盟后，齐国的霸业逐渐开始走下坡路。前645年，管仲卒，两年以后桓公卒。一场轰轰烈烈的霸业，就这样随着管、桓的逝世而结束了。

（三）齐文化第一次高潮的出现

管仲改革和桓公称霸，不仅是齐国历史上的大事件，也是齐文化发展史上的一个大事件，它使齐文化出现了第一次高潮。具体来看，主要表现在两个方面。

一方面是随历史发展的潮流开创了霸政新时代。从我国古代政治体制来看，夏、商、周三代虽已形成世袭君主制度，但尚未出现一人独裁的专制政治，此即王制时代。而自秦始皇嬴政统一中国后一直到清王朝，实行的是中央集权的君主专制政治体制，此即君主专制时代。介于王制与专制二者之间的春秋战国时期，即霸政时代。所谓霸政，就是诸侯长代行天子命令以统御、治理天下。齐桓公便是开创霸政时代的第一人，史称"五霸之首"。

齐桓公的霸业主要表现在三个方面。一是多次以诸侯国盟主身份主持会盟。据不完全统计，齐桓公共主持会盟22次。在如此频繁的盟会上，齐桓公总是以盟主身份，代行周天子之事，向诸侯盟国发号施令，甚至直接干预诸侯国的内政，从而有效实施了自己开创的霸主政治。二是尊王室。周王室是天下一统的象征，尊王室就是维护统一、反对分裂的具体表现，因而具有积极的意义。关于齐桓公尊王室的记载很多，如在会盟中，桓公虽以诸侯长身份出现，却无僭越；再如桓公承王命，以讨不顺。这些事实都证明桓公是在竭力巩固周王室的权威和统治秩序。三是攘夷狄而安诸夏。齐桓公在号召共尊周王室的同时，还率领盟国在南北方向上发动了"攘夷"的战争，从而维护了华夏诸国的安全，其中典型的几例是救邢、封卫、救燕、伐楚、救杞。

总之，齐桓公开创的霸业，建立的"尊王攘夷"功业，是追逐历史潮流之举，既收益于当时，又泽被后世。因此，圣人孔子给予桓管霸业很高的评价。

另一方面是引发了文化大变革。齐文化在管仲改革和桓公称霸过程中发生了前所未有的变革，具体表现在三个方面。

一是经济文化的变革。桓管时期，大力推行广土政策，加之铁农具的逐步推广，农业生产技术的提高，农业生产在齐国成为与工、商业同等重要的三大生产形态之一，从而使姜太公确立的较为纯粹的滨海工商型经济模式转变为滨海与内陆相结合的农工商型经济模式。随着农业生产地位的提升，这时的齐国产生了两大制度，即"均田分力"的土地制度和"案田而税""相地而衰其征"的租税制度。这两项制度具有重大的现实意义和深远的历史意义。

二是政治文化的变革。齐国的政治体制是将东夷人原有的农村公社与姬周的分封制结合而成的，这种政治体制在几百年后出现了很大的弊端，如血缘关系薄弱、宗法纽带松散，严重制约了齐国的发展。为了消除旧政治体制的弊端，适应时代所提出的要求，管仲大刀阔斧地进行了一系列政治改革。主要包括：提高君主权威；创立宰相制度；在中央建立五官行政制度，在地方推行参国伍鄙制度；建立举拔贤才的"三选"制度；建立自上而下的监督制度；设立"啧室之议"等。并配套以"赋禄以粟"制度，还提出了"官事无摄"的主张。这些新政治制度和政治主张，为齐国实现富国强兵与称霸诸侯奠定了坚实的政治基础。

三是管仲学说的出现。《史记·管晏列传》说："管仲既用，任政于齐，齐桓公以霸，九合诸侯，一匡天下，管仲之谋也。"意思是桓管霸业的实现得益于管仲思想的指导，依赖于管仲的谋略和策划。管仲的思想和智谋经后人承继和发挥，整理编入《管子》一书，于是形成了管仲学派和管子学说。

桓管时期的军事、科技、民俗等也都得到了前所未有的发展。总之，到桓管时期，齐文化在其发展史上形成第一次高潮。这次高潮既使此前的齐文化得到了继承和光大，又为此后的发展奠定了深厚的基础，积蓄了巨大的潜能。

三、齐文化的继续发展

齐桓公与管仲相继去世后，齐国失去了霸主地位，这也意味着齐文化第一次高潮的结束。但在自此之后直到晏婴相齐的一百多年中，齐文化继续发展，这期间既有旧文化的消亡与演化，也有新文化的创生与加入。这些变化，与当时齐国国内外形势的发展有很大关系。

（一）桓管之后的大国争霸

齐国失去霸主地位后，春秋时期逐渐进入群雄争霸时代，出现了晋、楚、秦等大国迭相争霸的景象，首先继齐国之后起而争霸的是晋国。

晋国地处山西汾水流域，与戎狄杂处。到晋献公执政时期，公室权力得到加强。通过实施扩充军队、开疆拓土等一系列政策，晋国综合国力大大提升，成为据有崤山、函谷关天险的北方大国。但由于晋献公在内政问题上处理不当，结果引起了晋公室的长期内乱。直到前636年，晋文公即位，晋国才稳定下来。

晋文公即位后，励精图治，积极开创自己的霸业。在内政上，他重用狐偃、赵衰、贾佗等曾经跟随他流亡的杰出人物，并摒弃了晋献公狭隘的用人政策，转为"昭旧族，爱亲戚，明贤良，尊贵宠，赏有功，事耇老，礼宾旅，友故旧"（《国语·晋语四》），重新团结了统治集团；在经济上，他严格执行"公食贡，大夫食邑，士食田，庶人食力，工商食官，皂隶食职，官宰食加"（《国语·晋语四》）的等级分配制，并推行"弃债薄敛""救乏振滞"等措施；在军事上，晋文公全力整军经武，大蒐于被庐，由二军扩至三军，大大增强了晋国的军事实力。这些举措都为晋文公称霸准备了必要条件。

前632年，晋国与楚国大战于城濮，拉开了与楚国争夺中原霸主斗争的序幕，结果楚国大败。战后，晋文公大会诸侯于践土，周襄王策命晋文公为侯伯，于是晋文公在"尊王"的旗帜下，如愿以偿地登上了霸主地位。

再说楚国。楚王室是芈姓之族，始祖季连，其后裔鬻熊，曾经是周文王时代的大臣，三传到熊绎，被周成王封于楚地，建都丹阳（今湖北秭归东南）。当时楚国周围是尚处于野蛮时代的"群蛮""百濮"，这对楚国开疆拓土来说既是压力又是机会。周夷王时，传至熊渠，楚在江汉间已具有相当强的实力。至周平王时，楚国传至熊通，熊通自立为武王，大肆对外扩张，如三次伐随、伐郧、灭权等。至楚文王时，又灭邓、灭申、灭息，建都于郢。至楚成王时，东向灭弦、伐徐，西向灭夔，北向伐郑、伐宋、围许、侵蔡，其势力已经深入北方。但因齐桓公召陵之师挫其前，晋文公城濮之战挫其后，楚国两次北上受阻后，转而向东发展。然而楚国觊觎称霸中原的念头始终没有打消，只是因为其对手晋国亦十分强大，晋楚两国雄视南北，势均力敌。

在晋楚争霸期间，西方的秦国逐渐强大起来。至秦穆公时，秦国加入了争霸的行列。只是由于在向东发展时被晋国所限制，因而秦国转而向西发展，并乘戎族"莫能相一"的有利形势，进军戎地，"益国十二，开地千里"，从而独霸西戎。

在晋楚两国持续百余年的争霸战争中，双方打得精疲力竭，于是在前579年和前546年，宋人华元、向戌分别发起了两次弭兵之会。此后晋楚两国争霸已经接近结束。这时，长江下游地区崛起了吴和越两个诸侯国，两国相互争斗，各有消长，但此时已是春秋争霸的尾声了。

（二）齐国内争与晏婴相齐

在外部大国迭相争霸的同时，齐国内部也是争斗不断。大致来说，齐惠公以前主要是五公子争夺君位，齐顷公之后主要表现为卿大夫间的倾轧。

齐桓公在位时，按照嫡长子继承制原则，长子无诡应被立为太子，桓公却废长立爱，把次子昭立为太子，结果为五子争位埋下了祸根。前643年，桓公去世，佞臣易牙、竖刁、开方等发动政变，排除异己，立无诡为君。群公子纷纷出逃，太子昭逃到了宋国。次年初春，宋襄公亲自率宋、曹、卫、邾四国军队讨伐齐国，并送太子昭归齐即位。齐人因为惧怕，便杀死无诡，立太子昭为齐国国君，是为齐孝公。

齐孝公在位10年而卒，他的弟弟公子潘勾结卫公子开方杀掉了孝公的儿子而自立，是为齐昭公。昭公在位19年而卒，他的儿子舍被立为国君。舍因年幼孤弱，结果被其叔父公子商人所杀，商人杀舍后自立，是为齐懿公。齐懿公在位4年，因残暴无道，于前609年被邴歜、阎职所杀。齐国人从卫国迎回公子元，并立为国君，是为齐惠公。惠公在位10年而卒，后传位于子无野，是为齐顷公。至此，长达40余年的五子争位才告结束。

齐顷公死后，历灵公、庄公，延至景公初年，齐国又出现了长达数十年之久的崔庆之乱。

齐灵公八年至九年（前574—前573），齐国出现高、国、鲍氏之乱，这是崔庆之乱的序曲。这件事的起因是灵公母亲声孟子与庆克私通丑行败露，而灵公偏信其母谗言，处罚了鲍牵、驱逐了高无咎，结果引起高弱的卢地叛乱和国武子的谷城叛乱。这时，灵公封崔杼为大夫，以庆克为辅佐，平息了叛乱。其间，庆克虽被国武子所杀，但他的两个儿子却受到重用：庆封成为大夫，庆佐成为司寇。

齐灵公死后，崔杼立被废太子光为君，是为齐庄公。崔杼自恃其有拥立之功，开始专齐国之政。后因庄公与崔杼的妻子棠姜私通，崔杼杀了庄公，又拥立庄公的异母弟杵臼为国君，是为齐景公。崔杼自任右相，庆封任左相。至此，崔杼专权达到了顶点。后来，庆封又趁崔杼家中发生诸子间争夺继承权之机，灭了崔氏一族，独掌齐国国政。庆封父子的专权跋扈，引起了齐国公族和国人的普遍不满。齐景公三年（前545），公族栾氏、高氏及异姓贵族陈氏、鲍氏联合将庆氏一族消灭。至此，长达半世纪之久的崔庆之乱结束了。之后，晏婴相齐，齐国又迎来复苏之机。

晏婴，姬姓，字仲，谥平，史称"晏子"，夷维（今山东省高密市）人，春秋时期齐国著名政治家、思想家、外交家。晏婴历仕齐灵公、庄公、景公三朝，以有政治远见、外交才能和作风朴素闻名于诸侯。

晏婴初登齐国政坛，是在齐灵公二十六年（前556）。该年，其父晏弱病故，晏婴继任上大夫。但由于灵公刚愎自用，且晏婴初登政坛资历尚浅，因而这一时期晏婴对齐国的政治影响并不大。到了齐庄公时期，因其间崔杼专权，政治混乱，加之晏婴刚正不阿、富有气节，既不是崔杼集团的人，也不受庄公宠信，因而这一时期晏婴对齐国的政治影响也是极为有限的。到了齐景公时期，崔庆之乱愈演愈烈，为了自保，晏婴纳邑与政于公室，后因景公受制于国、高二氏，因而他重新召回晏婴，委以国政。至此，晏婴才真正得以施展政治抱负。

齐景公时期，晏婴相齐数十年，在当时复杂的矛盾中内安社稷、外靖邦邻。他审时度势，对社会进行了必要的改革，维持了齐国较长时间的稳定和强盛，推动了齐文化的继续发展。

（三）齐文化的继续发展

第一次发展高潮结束后，齐文化的发展进程并没有停滞，而是继续向前，主要表现在以下几个方面。

一是齐国仍不失为一个大国。桓公逝世后，齐国虽逐渐失去争霸能力，但其依然凭借强大的经济军事实力和深远的政治影响，在"国际"舞台上发挥着不可替代的制衡作用。如齐孝公、齐顷公、齐灵公在位时期，他们都试图恢复齐国的霸主地位。而到了齐景公时期，经过40余年的发展，齐国综合国力得到了增强。此时的"国际"形势也出现了有利于齐国的变化，晋国霸主地位动摇、吴楚两败俱伤，这对齐国来说这简直是天赐良机，景公的复霸历程得以开始。

齐景公复霸的第一步是抓住诸侯国纷纷叛晋的机会，拉拢其他国家，组织以齐国为核心的同盟，经过努力组成了齐、郑、卫、鲁、宋联盟。第二步是直接向晋国挑战，对晋国发动一系列进攻，如景公四十七年（前501），攻陷晋国夷仪；景公五十四年，夺取晋国棘蒲；景公五十七年（前491），夺取晋八座城池。至此，齐景公的复霸运动达到高潮。但次年景公病死，齐国复霸运动也随之结束。

二是齐国新兴力量兴起。桓管时代以后，齐国贵族旧势力日趋衰落。如后期即位的灵公、庄公，甚至被称为中兴之君的景公，几乎可以说昏庸无道。又如在齐国势力强大的国、高二氏，以及齐惠公时期的栾氏、高氏，他们或在内乱中，或在新兴势力的冲击中都一蹶不振。姜氏旧势力日趋衰落，以田氏为代表的新兴力量逐步兴起。田氏新兴势力的崛起，不仅标志着齐文化的继续发展，而且在我国先秦文化发展史上具有十分重要的意义。

三是齐兵学的辉煌与晏子学的产生。齐兵学的开山鼻祖是姜太公，他在辅佐周文王、周武王灭商兴周，以及封齐建国的过程中，积累了丰富的实战经验。在此基础上，姜太公形成了自己完整的军事理论和军事思想。到了春秋前中期，管仲以其丰富的军事思想，把齐兵学推进到一个新阶段。管仲以后，在一系列国内外形势的变化下，齐兵学中又出现了孙武和司马穰苴这两位优秀的军事家。尤其是孙武，以其不朽的兵学圣典《孙子兵法》，在齐兵学和我国古代军事史上树起了一块令人难以企及的丰碑。

在齐兵学走向辉煌的同时，晏子学也在这一时期产生了。晏子学的创始者是晏婴。在齐文化史上，晏婴与管仲齐名，被史书称为"管晏"。晏婴是我国古代杰出的政治家。在世时，他就得到了普遍赞美，死后更是赢得人们由衷的崇敬。后来，在齐国有一批崇拜晏婴的士人，他们美其人格、誉其功业、述其思想，从而形成了晏婴学派，这一学派集体智慧的结晶就是《晏子春秋》。以晏婴和《晏子春秋》为代表的学术思想被称为晏子学。晏子学是齐文化的一个重要组成部分，它的产生无疑是齐文化继续发展的重要标志之一。

春秋中后期，齐国的经济也得到了很大发展。在社会动荡和经济基础发生变化的同时，上层建筑及宗法、分封等制度也发生了相应的变化。总之，从管仲到晏婴的100余年间，齐文化随着时代和社会的变化继续向前，这是介于齐文化两次发展高潮之间的一个重要阶段。

四、齐文化的第二次高潮

进入战国以后，齐国发生了一场以政权更替为主要标志的政治革命。伴随这场革命的完成，齐文化出现了第二次发展高潮。

（一）田氏代齐

齐国贵族田氏的始祖是田完。田完，又名陈完，原是陈国公子，因陈国内乱逃至齐国，受到齐桓公的欢迎和器重。齐桓公封他为掌管百工的工正，爵为大夫，自此陈完扎根齐国，并改姓为田。此后，在相当长的一段时间里，田氏一直受到齐君重视，与公室的关系非常密切。春秋后期，齐国各种社会矛盾日趋尖锐，各种斗争错综复杂，为适应形势的发展，田氏走上了背离公室的道路。经过几番较量，最终形成了以姜齐国君为代表的旧贵族势力集团和以田氏为代表的新兴势力集团。这两大集团为了争夺齐国的政权，展开了长期而激烈的斗争，最终田氏取姜齐而代之。

田氏取代姜氏经历了一个漫长的过程。自田桓子无宇时期，田氏"始大于齐"起，经过田僖子乞、田成子常、田襄子盘、田庄子白等几代人的努力，到太公田和时期终于完成。

田僖子乞是田桓子无宇的儿子，齐景公时期的大夫。齐景公晚年不听晏婴的劝告，想废掉公子阳生而立少子荼，田氏便投其所好，立荼为太子，后又把荼杀掉，改立阳生为太子。《史记·田敬仲完世家》载："遂立阳生于田乞之家，是为悼公。乃使人迁晏孺子于骀，而杀孺子荼。悼公既立，田乞为相，专齐政。"田乞通过消灭政敌、废立国君等手段达到了自己的目的，由齐大夫成为齐相国，迈出了田氏代齐的关键一步。

田乞之子田成子常是田氏代齐过程中的又一重要人物。田乞拥立的齐悼公因与鲍牧有矛盾而被杀，齐人立其子壬为国君，是为齐简公，田常与阚止为左右相。当年齐简公避难于鲁时，阚止侍奉在侧，因而备受简公宠信，简公即位后把大权交给阚止。

这引起了田常的不满。为了消灭政敌，重新执掌齐政，前481年，田常发动政变，杀掉简公和阚止，改立简公弟骜为国君，是为齐平公。田常自封为相，专齐政。

掌权之后，田常害怕因为杀了齐简公而被其他诸侯国讨伐，为了稳定政局，他采取了外结诸侯、内安百姓的举措。《史记·田敬仲完世家》载："田常既杀简公，惧诸侯共诛己，乃尽归鲁、卫侵地，西约晋、韩、魏、赵氏，南通吴、越之使，修功行赏，亲于百姓，以故齐复定。"后来，田常用计谋将刑罚大权收归己有。五年之后，齐国之政尽归田常。他为了进一步掌权，把鲍、晏、阚诸大族及公族中有势力的，或杀或逐，消灭殆尽，继而把安平以东、琅邪以西的土地尽归己有。田常的封地面积甚至超过了平公的领地。

田成子常死后，历田襄子盘、田庄子白，直至太公田和。田和是齐宣公时期的相，宣公死后，齐康公贷即位，但康公沉湎于酒色，不理朝政，在即位14年后，被田和迁至东海之滨，只给他一城之地奉其先祀。前386年，魏文侯请于周天子，田和被立为诸侯。自此，齐国进入了田齐统治的历史时代。

（二）威王改革与王业的建立

战国初期，新兴地主阶级在各国夺取政权后，为了巩固统治，先后开展了变法运动，如魏国李悝变法、楚国吴起变法、秦国商鞅变法等。在此起彼伏的变法浪潮中，田齐时代在齐威王、齐宣王时期也掀起了变法改革运动。

齐威王，名因齐。前356年，其父去世后即位，在位初期，齐威王不思进取、纵情声色，致使国内混乱，诸侯国交相侵伐。后来，齐威王听从大臣淳于髡的劝谏，又得到了邹忌、田忌、孙膑等人的辅佐，从而"不飞则已，一飞冲天；不鸣则已，一鸣惊人"。他厉行改革并一举成功。齐威王改革的内容和措施主要包括以下几个方面。

一是整顿吏治，严罚重赏。针对当时齐国"百官慌乱"的局面，威王在严罚重赏的基础上以法治吏。这一举措效果十分明显，官员腐败现象得到了很好的整治，从此"人人不敢饰非，务尽其诚"，齐国由此大治。

二是重视人才，选贤任能。姜太公封齐建国时确立了"尊贤智，赏有功"的基本国策，田齐发扬了这一优良传统，齐威王更是不拘一格擢拔任用贤才，如任平民出身的邹忌为相并封侯，任封相貌丑陋的淳于髡为上大夫并令其主管外交，命遭受膑刑的孙膑为军师等。威王还任用田忌、田婴等强将治兵备武，任用檀子、盼子、种首、黔夫等官吏守疆备贼。一时间，齐国人才辈出，实力大增。

三是广开言路，奖励进谏。威王初期听不进谏言，淳于髡就通过隐语妙喻进谏，威王听到之后幡然悔悟，痛改前非，不仅能够虚心纳谏，而且下诏鼓励大家进谏。诏令一下，大家纷纷进谏。韩、赵、魏、燕诸国听到威王悬赏纳谏的事情后，都纷纷到齐国去朝拜，愿与齐国结成同盟。

四是军事改革，兵强国盛。为适应战国时期兼并战争的需要，齐威王在军事方面进行了全方位的改革。首先，修列兵法，加强军事理论建设。威王让精通军事的大夫将古之《司马兵法》与司马穰苴兵法合而为一，编成《司马穰苴兵法》用以治兵，大大提升了齐军的战斗力。其次，威王对军队进行了大力整顿。他通过改善军队装备、选派得力将领、加强平素军事训练等措施，大大提高了齐军的战斗力。

齐威王还在经济和学术等领域进行了改革。他的改革无疑是成功的，而成功的主要标志是开启了齐国的王业，主要表现在齐国通过桂陵之战和马陵之战这两次大规模战争，彻底打败了首起称霸称王的魏国。前334年，齐威王、魏惠王相互承认为王，是为"徐州相王"。魏国屈服后，韩、赵、燕、鲁、宋、卫等国对齐国更是敬畏顺从。可见，齐威王时期，齐国的王业已经建立起来了。

前319年，威王卒，其子辟强即位，是为宣王。宣王处于一个诸王蜂起的时代。自齐、魏"徐州相王"后，各国君主纷纷称王。这种形势的发展，迫切需要一个新的强大王权中心来统一天下。为了完成这一历史重任，齐宣王扩大稷下学宫，以便更好地发挥其作为政府智囊团的作用。他还广泛招贤纳士，选贤任能，以卓越的智慧和惊人的胆略伐魏、破燕，合纵抗秦，联合韩、魏攻楚，可谓所向披靡。此时，齐国的王业得到了快速发展。

前301年，宣王卒，其子田地即位，是为闵王。闵王即位之初，尚能承先祖之余烈，以兼并诸侯、统一天下为追求，以兼听广纳、励精图治为要务，故使齐国保持了强于天下的地位。他挟韩制楚，攻燕灭宋，合纵抗秦，使当时通过商鞅变法而崛起的强秦闭关多年，"不敢窥兵于山东"，并尊闵王为"东帝"。可知，齐国的王业此时达到了高潮。如同桓管霸业是齐文化第一次发展高潮的象征，齐威、宣、闵三王的王业是齐文化第二次发展高潮的重要标志之一。

（三）文化中心由曲阜向临淄转移

西周时期，全国的文化中心在宗周，而到了春秋时期，文化中心则由宗周移向了鲁都曲阜，主要表现在以下三个方面。

一是礼乐文化由宗周转移到了鲁国。鲁国是周公旦的封国，因周公留在王室辅佐周成王，故其子伯禽代为受封于鲁。由于周公为周王室作出了巨大贡献，周成王十分感激周公恩德，因而对鲁国的封赐异常丰厚，不仅如此，还赐给了鲁国一系列特权，如鲁国可以祭祀天和祖庙，可以用天子之礼乐祭祀周公。这使鲁国在立国之初，其文化积累就敦厚于其他诸侯国。加之伯禽在鲁国采取"变其俗，革其礼"的政策措施，这就使鲁国成为周文化在东部地区的一个代表。到了周幽王时代，宗周遭到犬戎入侵，在动乱和平王东迁洛邑过程中，周王室的文物典籍、礼器等几乎全部丧失，而鲁国则完整保留了周王室赐予的各种礼器、典籍简册等，宗周的礼乐文化就这样历史性地转移到了东方的鲁国。

二是儒学的兴起。儒学的创始人是孔子，但在孔子之前，"儒"就已存在。关于"儒"的含义，大概是以"六艺"为主要内容而从事教育工作的人。孔子是我国伟大的思想家、教育家。他一生除了短期从政，绝大多数时间都是从事教育工作，即以"儒"为业。孔子在儒这个职业上作出了特殊贡献。一方面，他为了教学，对西周以来的传统文献进行了整理；另一方面，他创立私学，打破了"学在官府"的局面。孔子死后，儒分为八。我国古代第一大学派就这样在春秋末期的鲁国兴起了。

三是儒、墨显学之争。儒学兴起后不久，在鲁国又出现了墨学。墨学的创始人是墨子，他最初学习儒学，后来认为儒学礼仪烦琐，且"久葬""久丧"等劳民伤财，于是脱离儒家创立墨家。墨子提出了"兼爱""非攻""尚贤""节葬"等主张，得到了当时很多人的认同，墨家因此发展很快。儒、墨都是当时的显学，并在一系列问题上形成了尖锐的对立，两家也展开了激烈的学术争论，从而揭开了战国时期百家争鸣的序幕。

综上可以看出，春秋时期全国的文化中心已由宗周转移到了鲁都曲阜。但进入战国时代，这一文化中心又从曲阜转移到了齐都临淄，究其原因，主要有以下几点。

一是经济推动。初封之时，齐国的条件比鲁国要差很多。由于姜太公采取因地制宜、优先发展工商业的经济政策，所以齐国很快就成了东方的一个大国和富国。春秋前中期，为了富国强兵、争霸诸侯，管仲大力发展经济。如在农业方面，推行"均田分力""相地而衰征"等政策；在工商业方面，推行"官山海""盐铁官营""通齐国之鱼盐于东莱，使关市讥而不征"等政策；在外贸方面，推行招天下之商、来天下之利的政策。这些措施使齐国发展成为农业、手工业和商业都较为发达的国家。战国中期，经过齐威王的改革，齐国的封建经济达到了空前繁荣的程度。较之齐国，鲁国地狭物寡，在经济上大大落后。这是文化中心转移的基础和首要条件。

二是社会变革。春秋战国时期，是我国历史上由奴隶制向封建制转变的社会制度大变革时期。在冯友兰先生看来，最先出现封建生产关系的是齐国，时间是在春秋前中期，主要标志是管仲改革，而田氏代齐则最后完成了这一历史性转变。在新的历史条件下，齐国统治者面临着如何统治人民、管理国家、巩固封建制度，如何富国强兵、称雄诸侯、统一天下等一系列问题。换言之，新的生产关系和社会制度迫切需要一种新的文化与之相适应。这是文化中心转移的重要因素。

三是贵士传统。士本来是最低等级的贵族，但在春秋战国时期，随着新旧制度的交替，社会阶层的流动和变迁，士成了一个特殊的阶层。他们崇尚自由、知识渊博，活跃在社会各个领域，甚至成为一种可以左右政治局势的重要政治力量，因而受到各国统治者的重视，而齐国尤甚。贵士是齐文化的优良传统。姜太公时就奠定了"尊贤智"的基础，齐桓公时设庭燎以待士，田常在齐景公时就施惠于士，齐威王更视人才为国宝，齐宣王时则出现了士贵于王的意识。这些都表明，贵士已成为齐国的传统。这也是文化中心转移的重要因素之一。

四是文化环境。田氏代齐后，齐国国君最先做的事就是建置了稷下学宫，以大夫之爵、万钟之禄，以及开放的思想文化政策，招揽天下贤士。经过几代人的努力，稷下学宫成为群贤毕至、文士云集的场所。各家各派学者都在这里或著书立说，或授徒讲学，形成了稷下之学。稷下学宫的出现，稷下之学的产生，是先秦文化史上的重要文化现象，也是春秋战国时期百家争鸣的高峰。至此，全国的文化中心便由鲁都曲阜完全转移到了齐都临淄。

综上所述，宗周文化的中心地位一迁至于鲁，再迁至于齐，这一历史性变化无疑是齐文化第二次发展高潮的最重要标志。

五、齐文化的曲折发展

（一）齐文化的西渐

齐闵王执政前期尚能继续发扬威、宣遗风，其到晚年却昏庸无道、不听谏言，导致大量人才外流，使稷下学宫走向衰落之路。后燕国攻齐，其间虽有田单复国，但稷下学宫已不复往日风采。到齐王建时，齐国更是江河日下，已无法使稷下学宫再恢复以前的盛况，齐文化的第二次发展高潮至此结束。

恰逢齐国稷下学宫衰落、稷下学士云散之时，吕不韦正在西方的秦国招贤纳士。吕不韦，战国末期政治家、思想家，早年经商于阳翟，扶植秦国质子异人回国即位成为秦庄襄王后，被拜为相，封文信侯，在庄襄王去世后，迎立太子嬴政即位，被尊称为"仲父"，权倾天下。吕不韦在政治上取得成功后，又转向了思想文化领域。他广揽天下贤士，汇合各派学说，主持编纂了《吕氏春秋》一书。它的问世，标志着全国文化中心由齐国转移到秦国。

《吕氏春秋》一书与稷下之学关系十分密切，主要表现在以下三个方面。一是《吕氏春秋》采编了大量稷下诸子之说，记载了许多稷下著名人物事迹。如书中采编田骈的"道术论""贵齐论"，慎到的"势"观等稷下先生之说；记录了淳于髡"为齐使于荆"等稷下学者的事迹。二是书中还有一些虽未注明但可确认为稷下诸子的文章，如宋钘、尹文的《去尤》《去宥》等文章。三是发挥稷下学者之论，如阴阳五行学说等。

因此，对于稷下之学与《吕氏春秋》的关系，与其说《吕氏春秋》是对稷下之学的总结，不如说是对稷下之学的发展。然而后来，吕不韦因受到嫪毐集团叛乱牵连，罢相归国，全家流放蜀郡，途中饮鸩自尽。吕不韦之死，使齐文化在西部地区的流传遭到了第一次挫折。

（二）齐文化在秦朝的发展与沉寂

前221年，秦始皇嬴政灭六国，完成了中国历史上第一次真正意义上的政治大统一。随着秦统一全国，齐国作为一个政治单位已不复存在，但产生于齐国的齐文化却以其强大的生命力，以不同形式曲折地发展着，并在秦朝前期产生了多层面的重大影响。

如阴阳五行学说。阴阳五行学说的集大成者是齐人邹衍，他将阴阳说与五行说结合起来，用阴阳消长之道，说明五行的相生相克规则，并进一步用五行相胜说来解释人类社会的发展变化和王朝的更替，从而创造了"五德终始"理论。然而这一学说没有在齐国得到实践，而是被秦始皇用作其大一统的理论根据和制定制度与政策的理论基础。秦始皇认为周为火德而秦为水德，水能灭火，因而秦灭了六国；又如秦始皇统一后，秦朝的法度、礼节、衣着等皆尚黑，合五德之数。这些都充分说明"五德终始"学说对秦朝的政治制度的建立和文化发展产生了重大影响。

又如封禅。封禅是我国古代帝王神化其王权的一种手段，是宗教与政治相结合而产生的一种独特的文化现象。但是，秦文化中并没有封禅内容，封禅本是齐文化的一个内容，它起源于齐地的八祠。后来，管仲系统而深入地谈及封禅，而想要行封禅大典的是齐桓公，但是，管仲认为桓公封禅的条件尚不成熟，就没有举办封禅大典，此后似乎也没有人谈及封禅和行封禅大典。到了秦始皇时期，秦始皇认为自己德高三皇、功过五帝，已经具备了封禅的条件，于是在前219年，秦始皇第二次东巡之时，举行了封禅大典。

再如稷下学宫与秦博士。"博士"本是古代的一种官职制度，最早形成于齐国稷下。但在秦灭六国之后，稷下博士制度就被秦朝完全继承了下来。稷下学宫对于秦朝博士制度的影响不仅表现在制度沿袭和成员构成方面，还表现在学风和政风上。如稷下学宫一个明显的特点就是多元并立、平等共存。稷下学者在此著书立说、参政议政。在服务于齐国政治的前提下，齐国统治者并不限制他们的言论自由，也不会以政治手段迫害其人身。这种风气在秦朝前期并未消失，但随着秦始皇文化专制政策的到来，尤其是秦朝"焚书坑儒"事件的发生，齐文化的一些精神必难以逃脱此次劫难。从那以后，齐文化便趋于沉寂了。

六、齐文化的第三次高潮

"焚书坑儒"事件虽然使齐文化归于沉寂，但并没有也不可能使齐文化完全消亡。西汉初期，齐文化还出现了其发展史上的第三次高潮。其中最主要的标志是黄老之学在这一时期处于至尊地位。

黄老之学，又称黄老之术。其中，"黄"指的是黄帝，"老"指的是老子。"黄老"并称，最早出现于西汉著名史学家司马迁编写的《史记》中。其实，黄老之学早在战国时期的齐国稷下学宫中就已形成了。黄老之学在秦朝一度衰落，但传至西汉初期，黄老之学却突然焕发勃勃生机，这自然与当时的社会背景密不可分。具体来说，主要有三方面的因素。

一是秦朝速亡的教训。前221年，秦灭六国，秦始皇实现大一统。然而，看似强大的秦王朝，却在短短十余年后因农民大起义而亡。秦朝的残酷统治、严刑峻法带来的快速亡国的教训使汉初统治者及谋士们意识到，必须采取黄老之学中"无为而治"的理论才能够缓和矛盾、维护统治。

二是汉初经济的凋敝。由于秦朝统治者对百姓过度压榨，社会经济早已不堪重负，加之秦末农民起义爆发和楚汉战争的持续，所以到了西汉初期，到处是一片荒凉、残破的景象，如《史记》载，汉"天下初定，故大城名都散亡，户口可得而数者十二三"。面对这种社会经济形势，汉初统治者不得不接受黄老之学的理论和主张。

三是符合学术发展趋势。秦王朝以法家思想治国本无可厚非，然而秦朝将这种统治推向了极端，在残酷的统治下，秦朝迅速走向灭亡。此外，之前作为显学的儒家思想，也因"焚书坑儒"事件和烦琐累世等自身特点，而不能满足汉初统治者的迫切需要。主张"清静无为""休养生息"，能够纠正秦朝之弊，缓和社会矛盾的黄老之学，适应了当时的客观形势和统治者的需要，从而在汉初得到了广泛传播和长足发展。

黄老之学得到重视的主要表现，一方面是成为汉初的官方政治指导思想，在政策制定及治理百姓等方面居于支配地位。最先运用黄老之学来治理朝政的是齐相国曹参，在他的主导下齐国大治。后来曹参调入朝廷，也将黄老之学带入朝廷，以此为方针制定施政措施。经吕后，惠、文、景帝的推行，直到汉武帝"罢黜百家，独尊儒术"的60余年间，黄老之学和"无为而治"的思想对汉初社会政治的稳定、经济的恢复和发展，都起到了积极的推动作用。这一时期出现的"文景之治"，便是黄老之学施于政治的结果。

另一方面，推崇黄老之学的人物众多，关于黄老之学的著述颇丰。根据文献记载，汉初治黄老之言、好黄老之学的人非常多，如窦太后、文帝、景帝、曹参、司马迁等，上至帝王将相，下至平民学者，众人推崇黄老之学，有的甚至到了无以复加的地步。这时期，不仅推崇黄老之学的人众多，关于黄老之学的相关著作也出现很多，如陆贾《新语》中的《无为》篇、贾谊《新书》中的《修政语》篇，以及汉初黄老之学的集大成之作《淮南子》等，这些篇章著作都深深打上了黄老之学的思想烙印。

除了在汉初享有至尊地位的黄老之学，齐文化中的"五德终始说"、神仙方术等在汉初也盛行不衰，并且与当时政治的联系更加密切，表现出日益浓重的政治色彩。这些充分说明，齐文化在汉初的六七十年间走向了第三次发展高潮。然而汉武帝即位后，由于政治、经济各方面的变化，汉武帝采取了董仲舒的"罢黜百家，独尊儒术"的文化政策。至此，中国传统文化的全面整合便告完成。作为地域文化之一、对中国历史文化产生过重大影响的齐文化，也融入了"儒学"这一新的文化体系之中，从而以新形式、新形态继续存在并发展。

| 思考题 |

1. 齐文化的奠基者是谁？他在哪些方面为齐文化的形成奠定了基础？
2. 试论述齐威王改革的主要内容及措施。
3. 简述齐文化的发展历程。

第三章

齐文化代表人物

　　齐处海岱之间，此地物华天宝、人杰地灵、文化璀璨、英雄辈出。纵观齐国八百余年的历史，这块沃土滋养、孕育了一大批杰出的明君贤相、能人名士、豪杰英才。他们对当时的社会发展作出了重大贡献，对后世也产生了很大影响。他们不仅使齐国的历史星空更加辉煌灿烂，更激励了一代又一代人。本章主要对齐文化的杰出代表人物进行分类介绍，共分四节，第一节介绍齐国历史上的三位名君；第二节介绍齐国历史上的六位名臣；第三节介绍四位名士；第四节重点介绍四位名女。

第一节　名君

一、姜太公

　　姜子牙（约前1156—约前1017），姜姓吕氏，名尚，字子牙，人号太公望，被周武王尊为"师尚父"。关于姜太公的出生地，历来说法不一，《史记·齐太公世家》记载："太公望吕尚者，东海上人。"因此，现在多从东海上说，认为姜太公是东海上（今山东省日照市）人。因其先祖辅佐夏禹治水有大功而被封于吕（今河南省南阳西），以地为氏，故其又名吕尚、吕子牙、吕太公。姜太公是周文王倾商、武王克纣的首席参谋、最高军事统帅与西周的开国元勋，是齐国的缔造者、齐文化的创始人。儒、法、兵、纵横等诸子百家亦追他为本家人物，故被尊为"百家宗师"。

　　太公的政治才能和军事韬略在兴周灭商及封齐建国的过程中都有突出表现，初为人臣，终为人君，他的一生充满传奇色彩。"太公钓鱼，愿者上钩""尊贤尚功"等成语典故，至今仍传诵不衰。

太公早年时，其家境已经败落，所以被人招为赘婿，因不善营生，被妻子逐出家门。他年轻时做过宰牛卖肉的屠夫，开过餐馆卖过酒，到棘津卖过饭、做过杂役，到朝歌杀猪宰牛、算卦占卜，聊补无米之炊。太公还在纣王手下做过小官，游历过很多诸侯小国。总之，太公的前半生可以用漂泊困顿来形容。但太公人穷志不短，他始终勤奋刻苦地学习天文地理知识、研究军事谋略和治国安邦之道，期望能有一天施展才华。

相传太公72岁时，垂钓于渭水之滨的磻溪（今陕西省宝鸡市境内），遇到了求贤若渴的西伯侯姬昌（后来的周文王）。姬昌认为太公是一个奇才，请他坐车同归，并拜他为太师（武官名）。

太公入周后，辅佐文王积善修德，明道行仁。文王在位50年，为灭商做好了充分准备。文王死后，其子姬发继位，即周武王。武王尊太公为"师尚父"，并在其辅佐之下励精图治，使周的经济和军事实力大大超过了商。武王九年，武王与太公举行了"孟津观兵"，为灭商进行了一次军事演习和检阅，有八百诸侯闻讯赶来参加。人心向周、商纣王孤立无援的形势已经非常明显。诸侯均力劝武王立即向朝歌进军。武王和太公则认为时机还不成熟，下令全军返回。

前1046年，纣王荒淫暴虐到了极点。姜太公见时机成熟，就向武王提出伐纣的建议。武王于是通告诸侯，共同征伐。武王联军与商朝军队在牧野（今河南省新乡市附近）展开决战。战幕刚一揭开，太公便亲自率领小部分精锐士卒为先锋在前面应战，随后以战车350辆、勇士3000名、士卒23000多人攻击商纣王的军队。商军虽人多势众，但他们早已与商纣王离心离德，士卒纷纷倒戈，商军乱了阵脚，溃败下来。纣王见大势已去，急忙逃回朝歌，登上鹿台，自焚而死。太公引武王入殷都朝歌（今河南省鹤壁市），诏告天下，宣布商朝灭亡，周王朝诞生。牧野之战是中国历史上以少胜多、以弱胜强、先发制人的经典战例，也是中国古代车战初期的著名战例。它终止了统治时间长达六百年的商王朝，确立了西周王朝的统治，为西周礼乐文明的全面兴盛开辟了道路。牧野之战中所体现的谋略和作战艺术，对中国古代军事思想的发展也具有不可低估的影响。

武王灭商以后，采取封邦建国的方略对全国实行统治。他同姜太公、周公旦等人商议，把全国分成若干个侯国，并分封给在灭商大业中作出贡献的姬姓亲族和有功之臣建都立国，充当周朝统治中心的屏障，即所谓"封建亲戚，以藩屏周"。由于太公在兴周灭商中功勋卓著，而被首封于齐地营丘（今山东省淄博市临淄区，尚有争议），建立齐国，以稳定东方。

太公第一个提出了"天下为公""以民为本"的思想，并以此思想辅佐君王，创造了一个伟大时代。早在辅佐文王灭商过程中，太公就针对商王的家天下思想，第一次提出了天下为公的思想。商代的最高统治者自称"余一人"，即把全部土地宣布为王土，把所有土地的直接生产者都看作王臣，正所谓"普天之下，莫非王土；率土之滨，莫非王臣"。在商王看来，国即家，家即国，天下是一人的天下，君权神授，天经地义。而当时商纣王的暴虐统治早已失去人心，于是太公第一个提出了"天下为公"的思想。《六韬》记载，周文王请教太公怎样才能得到天下。太公回答说："天下非一人之天下，乃天下之天下也。同天下之利者，则得天下；擅天下之利者，则失天下。"这句话的意思是：天下不是一个人的天下，而是天下人的天下。能和天下人同享天下利益的，就可以获得天下；独占天下利益的，就会失掉天下。太公认为，商纣王失天下之所以成为必然，是因为他独占天下之利，害民虐民，从而失去了民众对他的支持。太公由此阐明了天下可取的根据，论述了周灭商的合理性、正义性。同时，他详尽讲明了"同天下之利"的内涵，即做到利民、爱民。若此，就能得民心，使天下归之。他认为，国君应当以天下之利为利，以天下之害为害，以天下之乐为乐，以天下之生为务，只有以仁义道德为天下兴利除害，使天下人与之共利害，同生死，共忧患，共苦乐，才可以收揽、团结民心，使万民归心、欢心。

这一思想不仅成为兴周灭商的理论旗帜，还深刻影响了太公的治国实践。太公在治理齐国的实践中，也一如既往地坚持并贯彻了这一思想。

太公建立齐国以后，在政治上推行尊贤尚功的政策。建国伊始，太公就以卓越的政治胆识，认识到人尤其是人才的特殊重要性。太公曾说，国家应该推崇贤人，贬抑不贤的人。好的将领会使军队强大、国家强盛，反之则会使军队衰弱，甚至国家灭亡。这些都反映出太公的举贤思想。另据《汉书·地理志》，太公始封之时，周公和太公曾经有一次著名的对话。周公问太公怎样治齐，太公回答："举贤而上功。"意思是任用有才能的人，奖励有功劳的人。太公不仅发之于言，更践之以行。建国伊始，太公就没有拘泥于西周以血缘关系为基础的"尊尊亲亲"正统思想，而是在用人方面进行大胆改革，举贤任能，唯才是举，尊贤尚功。具体而言，就是不论出身高低贵贱，不分部族、门第和国别，只要有才干，有业绩，愿为国效力，就对其委以重任，给予爵位，授予实权，赏赐封地，为其提供施展才能的平台，以充分发挥其智慧和才能。与鲁国当时实行的"尊尊亲亲"的用人路线相比，"尊贤尚功"的思想和用人政策无疑是一个巨大进步，其意义广泛而深远：一是发现了人才使用的客观规律，打破了门第、出身、国别等方面的限制，有利于人才的选拔和脱颖而出，更有利于最大限度地调动和发挥人才的积极性和创造性；二是对后代齐国君主的国策制定产生了深远影响，开创了"尊贤尚功"的人才使用之先河，形成了齐国的一种用人传统，进而为后来齐国称霸称雄、位于列国至尊奠定了雄厚的人才基础。

齐地"负海潟卤，少五谷而人民寡"。"昔太公封于营丘，辟草莱而居焉。地薄人少……"也就是说，当时齐国建国伊始，太公面临的具体情况是：人少地狭，土壤碱化，五谷不生。但太公并没有被眼前的困难吓倒，而是对齐地的情况进行了认真且客观的分析。经过分析，他发现这里鱼盐资源丰富，海陆交通便利，工商业也较为发达，这些正是这里的优越条件。于是，太公因地制宜，制定了一系列相应的方针政策，在经济上倡导农、工、商三宝并举，制定了"通商工之业，便鱼盐之利"的经济方针。在这一经济政策的指导下，诸侯多侧目以视，人民多归附齐国，齐一跃成为"东至海，西至河，南至穆陵，北至无棣"的大国。

太公建齐后，在文化上推行"因其俗，简其礼"的开明政策。所谓"俗"，指"夷俗"，即当地东夷人的生活方式；"礼"，指"夷礼"，即东夷人的礼仪制度；所谓"因其俗，简其礼"，就是从齐地实际出发，尊重东夷人的文化传统，不强制干涉，且不强制推行周礼，而是务实地创造了既能让东夷人乐于接受又不悖于周礼的新制。这样，不仅减少了东夷人对新政权的反抗机会，还减少了礼对人们思想行为的束缚，既赢得了民心，又最大限度地调动了一切积极因素来兴齐建国。这一政策加快了齐文化对其他文化的吸收，促进了周文化与东夷文化的融合，完成了对夷俗和周礼的第一次改造，为齐文化的勃兴作出了卓越贡献。因此，仅仅五个月时间，太公就向周公汇报其安邦定国的政绩了。

后来太公又协助周公平定了"三监之乱"，为二次安周作出了卓越贡献。其军事思想被后人辑录在《六韬》里。

作为齐国的缔造者以及中国历史上影响久远的韬略家、政治家、思想家、军事家，姜太公无论在辅佐文王、武王灭商兴周的卓越历程中，还是在建齐伟业中，都体现出超常的智慧和气魄。

二、齐桓公

在齐国八百年的历史长河中，最辉煌的业绩当数桓管霸业，最显赫的君主要数齐桓公。他在贤相管仲等人的辅佐下，厉行改革，富国强兵，不仅扶齐国大厦于将倾，还进而"九合诸侯，一匡天下"，开春秋霸政之先风，位列五霸之首，成为我国历史上最有影响力的政治家之一。

齐桓公（？—前643），姜姓，吕氏，名小白，春秋五霸之首，前685年至前643年在位。

《齐桓公像》 中国画 杜国建创作

齐僖公有三个儿子，即长子诸儿、次子纠和幼子小白。齐僖公委派管仲、召忽辅佐公子纠，委派鲍叔牙辅佐公子小白。齐僖公死后，按照周礼，公子诸儿当上了国君，是为齐襄公。襄公每天吃喝玩乐，任意妄为，国政混乱。管仲、召忽保护公子纠逃到了鲁国，鲍叔牙保护小白逃到莒国。前686年，公孙无知杀襄公，自立为君。一年后，公孙无知也被杀，齐国一时无君。高、国两家事先暗地通知小白回国。鲁国听说后也发兵送公子纠回国，派管仲带兵堵住莒国到齐国的路。管仲一箭射中小白带钩，小白急中生智，连忙咬破舌头，喷出鲜血，假装倒地而死。管仲派人回鲁国报捷。鲁国便不再那么着急送公子纠回国，过了六天才到。而这时小白已日夜兼程抢先一步回到齐国都城临淄即国君位，这就是后来赫赫有名的齐桓公。

齐桓公是一位素有雄心伟略的开明君主。他胸怀大志，希望称霸于诸侯。在鲍叔牙的极力推荐下，他不计前嫌，弃一箭私仇，拜管仲为相。管仲治齐四十年，在政治、经济、社会、军事等方面进行了全面改革，制定了一系列富国强兵的方略，实行军政合一、兵民合一的制度。从此，齐国大治，国力日渐强盛。在安定国内的基础上，桓公行仁义于诸侯，存亡继绝。当时中原华夏诸侯苦于戎狄等游牧部落的攻击，于是桓公打出"尊王攘夷"的旗号，九合诸侯，北击山戎，南伐楚国，成为春秋第一个霸主，受到周天子的赏赐。"一箭之仇""庭燎求贤""民贵为天""九合一匡"等成语典故都与他有关。

作为一代名君，桓公早已认识到人才对实现霸业的重要性，并大行尊贤重士之举。一是接受管仲的举荐，任用隰朋、宁戚、王子城父、宾胥无、东郭牙这"五杰"，令五官各负其责，互相支撑，形成了强有力的领导集体。"五杰"上任后，鼎力支持管仲在齐国推行全面改革，齐国很快强盛起来，为桓公实现"九合诸侯，一匡天下"的霸主之业提供了有力保障。二是设"庭燎"之礼，以招贤士。《韩诗外传》记载，为了表明自己求贤若渴的决心，桓公命人在宫廷前燃起明亮的火炬，准备日夜接待各地前来求见的人才。但是过了整整一年，也没有士人上门。正在桓公十分沮丧时，来了一位乡民，自称有才。桓公对他进行现场测试，问那个人要展示的才能是什么，那人居然说是背诵九九算术。桓公听说后觉得很可笑，于是告诉他："九九算术连七岁小孩都会背，这个也能拿来当才华展示吗？念你是初次，我也不和你计较，你还是赶紧回家去吧！"没想到那位乡民自有一番道理，他说："我这样做，无非是为了抛砖引玉。贤士们不来齐国，是因为他们认为您是天下贤明的君主，天下的士人都自认为比不过您，担心被您拒绝、嘲笑。如果他们听说您能以礼待我，那么必定蜂拥而至。"桓公听罢，连连点头表示赞许，立即以"庭燎"大礼（古代邦国在朝觐、祭礼和商议军国大事、迎接诸侯贵宾时使用的高规格接待礼仪）接待了这位乡民。果然不到一个月，四方贤士便接踵而至，云集齐国都城临淄。三是不辞劳苦五访小臣稷。《吕氏春秋·下贤》记载，桓公得知齐国有一个叫小臣稷的处士非常贤明，于是决定亲自登门拜访。但桓公一天去了三次都被小臣稷拒之门外。侍从不耐烦地对桓公说："乘万乘的君主见一个平民百姓，一天三次都没有见到，还是算了吧。"桓公说："不是的。轻视官爵俸禄的贤士是可以轻视国君的；轻视霸王之业的国君，也会轻视贤士。就算这位贤士轻视官爵俸禄，但我作为国君怎么可以轻视霸王之业呢？"侍从没有劝住桓公，直到第五次拜访桓公才见到了小臣稷。小臣稷也被桓公礼贤下士的诚心所打动。

为求天下贤才，桓公还规定，凡国内官吏引荐其他诸侯国来到齐国做事的人，引荐得好，根据所荐对象能力的大小，给予赏赐；引荐得不好，也不追责。桓公还走出去，派人四处招揽人才。又派出游士八十人，供给他们车马衣裘、充足的物资粮食、资金，使之周游四方，以号召收求天下的贤士。桓公弃一箭之仇，重用管仲，不仅成就了君臣相得益彰共谋霸业的千古佳话，也使齐国人才济济，为桓公完成霸业奠定了基础。

桓公还广开言路，开明纳谏，博闻广取，以匡己过，从而成就了"九合诸侯，一匡天下"的赫赫霸业。

然而，这位叱咤风云的一代君主，在其晚年，由于没有听取管仲的亲贤远佞的忠告，而遭到一场悲剧。前643年，桓公病重，易牙、竖刁、开方三位佞臣狼狈为奸，假传圣旨，不准桓公诸子和大臣入宫探视，继而停止供应桓公的饮食。桓公最终病饿而亡，其尸体在床上放了六十七天，蛆虫爬满门户内外。此时，五公子互相攻打，齐国一片混乱。直到新君无亏即位，才把桓公收殓。桓公一世英名，最终竟落得如此下场，个中滋味，颇耐人寻味。

纵观桓公一生，他志存高远、以民为本、尊贤任能、存亡继绝、九合一匡，所体现出的博大胸襟、非凡胆识和奋斗精神，以及为华夏文明的延续所作出的杰出贡献，都将彪炳史册。

三、齐威王

扫码学习
相关内容

齐威王（前378—前320），妫姓，田氏，名因齐，田齐桓公田午之子，田齐第四代国君，前356年到前320年在位。他接受虞姬、淳于髡和邹忌等人的劝谏，整顿吏治，广开言路，厉行改革，使齐国国富兵强，实现了二次崛起，并一举成为战国七雄之冠。他以人才为宝，使齐国"最强于诸侯"，是知错能改、知人善任、励志图强的一代明君。

齐威王刚刚即位时，并不是一个有为的君主。威王在位初年，好为淫乐，沉湎不治，荒于朝政，朝廷黑暗，整个齐国危如累卵，人心惶惶，因此出现了"百官荒乱，诸侯并侵，国且危亡，在于旦暮，左右莫敢谏"（《史记·滑稽列传》）的局面。威王喜欢隐语，这时，博学多才、滑稽多辩的稷下先生淳于髡设法面见威王，借口说要给他说隐语解闷逗乐。淳于髡对威王说："咱们国家有一只大鸟，栖息在大王的宫廷里，三年来不飞也不鸣叫，大王可知道这只鸟为什么这样吗？"聪明的威王一听就知道淳于髡是在说自己，便说："此鸟不飞则已，一飞冲天；不鸣则已，一鸣惊人。"威王迷途知返，在邹忌、田忌、孙膑等人的辅佐下，知耻后勇，励精图治，在齐国推行了一场轰轰烈烈的变革运动。

齐威王改革的主要内容有以下五个方面：

（一）整顿吏治，严罚重赏

针对当时齐国"百官荒乱"的局面，威王加紧整顿朝政，以铁腕肃清吏治。《史记·田敬仲完世家》记载：威王在对官吏进行整顿前夕，先派出得力大臣，深入地方进行调查，了解情况。掌握第一手资料后，他召集72名地方官到朝廷，烹杀了没有政绩、只知贿赂收买朝廷官员以求赞誉的阿大夫，以及接受贿赂的官吏，同时奖励了虽在朝廷内备受毁谤却有优秀政绩的即墨大夫一万户封邑。从此，齐国上下吏治肃然，无论朝廷百官，还是地方官吏，都不敢文过饰非，而是勤勤恳恳，忠于国家，于是"齐国大治，强于天下"。邹忌拜相之后，又提出"谨修法律而督奸吏"的主张，并采取"减吏省员，使无扰民"的措施，用法律来约束群臣，这对整顿吏治起到了更为广泛而深刻的作用。

（二）崇尚人才，选贤任能

凡开明的君主大多都能做到任用贤能，但像威王那样视人才为宝者，却是凤毛麟角。从典故"威王论宝"中足以看出其对人才的高度重视。《史记·田敬仲完世家》记载：前355年，威王与魏惠王在郊外会猎期间比宝。魏惠王不懂得何为宝物，以夜明珠为宝炫耀于世，而威王则认为宝珠非宝，檀子、盼子、黔夫、种首等四位镇守国土的武将，才是真正的国宝。威王把人才提到了国宝的高度来认识，彰显了其大气及非凡的治国远见。基于这一深刻认识，他一方面选用宗室中有作为的人为官，如拜田忌为将，另一方面求贤若渴，选将任相不问出身，全凭才能。他选用了一大批门第寒微的士人并委以重任，如出身赘婿、受过髡刑且相貌丑陋的淳于髡，平民出身的邹忌，因受妒而惨遭迫害的残疾人孙膑等。他们都为威王开创霸业立下了汗马功劳。琴师邹忌毛遂自荐，鼓琴论政，三月而受相印，次年封侯。邹忌任相之后，执行威王重视人才的政策，还进一步提出了"谨择君子，勿杂小人其间"的要求，并大量提拔选用有才干的人如田居子、田解子、黔涿子、田种首子、北郭刁勃子等为国家效力。故而一时间，齐国人才济济，尊贤重士蔚然成风。

（三）广开言路，奖励进谏

威王积极纳谏，广开言路，曾多次接受淳于髡等人的劝谏。威王喜欢饮酒，往往置酒后宫，通宵达旦。淳于髡讽谏说："酒极则乱，乐极则悲，万事皆然。"威王听后深感有理，从此罢长夜之饮，除淫靡之风，以髡为诸侯主客。再如"邹忌讽齐王纳谏"的典故更被传为千古佳话。《战国策·齐策一》记载：齐相邹忌身高八尺，形貌瑰丽，是齐国的美男子。一天早晨，他穿戴整齐，自窥其镜，左顾右盼，自觉美不胜收。先问其妻，次问其妾，后问客人："我与城北的徐公比较，谁更漂亮些？"三人异口同声道："您漂亮极了，徐公哪能比得上您呢？"城北徐公是当时齐国著名的美男子。不过，此时的邹忌只闻徐公之名，未见徐公其人，因而对三人的话未置可否。第二天，徐公前来拜访，邹忌终于见到了徐公。他反复打量徐公，觉得徐公比自己漂亮；继而偷偷地照着镜子比较，愈加觉得徐公比自己漂亮多了。对此，邹忌夜不成寐，反复思考，终于悟出了"妻子说我美，是因为她偏爱我；妾说我美，是因为害怕我；客人说我美，是因为有求于我"的道理。于是，他上朝拜见威王，从自己的亲身经历出发，从小事入手，以小比大，以家比国，寓治国安邦之道于形象的比喻之中，动之以情，晓之以理，既让威王知道了自己受蒙蔽的严重程度，又让他懂得了纳谏的重要性，从而接受了邹忌的劝告。威王旋即下令群臣吏民：文武大臣，官吏百姓，能当面指出"我"的错误的，给上赏；书面提出劝谏的，给中赏；在大庭广众之中议论批评"我"，传到"我"耳朵里的，给下赏。诏令颁布后，言路大开，进谏者络绎不绝。数月之后，进谏者日渐减少。一年之后，因齐国政治得到彻底改善，人们即使想进谏也无谏诤之言了。燕、赵、韩、魏诸国听到威王悬赏纳谏的事情后，纷纷来到齐国进行拜会，愿与齐国结成联盟。齐国国势日渐强盛，威压诸侯。

（四）发展学术，养才用智

早在田齐桓公午时期，为了培养人才，招贤纳士，进而为巩固田齐统治服务，齐国便在齐都临淄的稷门附近建起了巍峨的稷下学宫，后一度中衰。威王出于重振齐国雄风的需要，再度兴办并扩建稷下学宫，对稷下先生提供优厚的待遇，给予厚赏，提供饮食起居保障以及极为宽松的学术环境，并鼓励他们对朝政发表意见，可"不治而议论"，因此天下英才鱼贯而入齐。如邹衍、田骈、淳于髡等贤士都纷纷聚集于稷下学宫，被封为大夫，享受无比尊崇。他们一方面授徒讲学，为齐国培养人才；另一方面著书立说，为田齐统治者出谋划策。由此带动天下士子汇聚齐国，既推动了齐国文明的发展，也丰富了齐文化内涵，弘扬了齐文化精神。

（五）改革军事

威王也非常重视军事改革。他以田忌为主将，孙膑为军师，组建了一支实力强大且忠于齐王室的军队。威王不仅重视军力建设，还很重视对军事理论的总结，他命人将古之《司马法》与司马穰苴兵法合而为一，编纂成《司马穰苴兵法》。威王还大力整顿军队，改善军队装备，选派得力将领，加强训练，提高齐军的战斗力。同时，他鼓励百姓习武，规定在战争中取得敌人首级的，将赐给黄金。这些措施的推行使齐国军事力量日益强大。苏秦曾称赞齐国道："带甲数十万，粟如丘山。三军之良，五家之兵，进如锋矢，战如雷霆，解如风雨。"（《史记·苏秦列传》）

总之，齐威王改革涉及政治、军事、思想学术等方面，并取得了巨大成功，而成功的主要标志是两胜魏国，"徐州相王"，开启了齐国的王业。

前354年，魏国大将庞涓率军攻打赵国，直捣赵国都城邯郸。赵国难以抵挡，急遣使向齐国求援。前353年，威王任命田忌为将，孙膑为军师，发兵救赵。田忌采用孙膑围魏救赵的计策，引兵直捣魏国都城大梁（今河南省开封市），庞涓只好撤邯郸之围，回师援救。田忌、孙膑命令齐军后撤，退至桂陵（今山东省菏泽市东北），设好埋伏。庞涓追至桂陵，毫无防备地进入了齐军的伏击圈。齐军以逸待劳，大败魏军。庞涓被生擒，后被放回。这就是历史上著名的桂陵之战。

前341年，庞涓又率魏军伐韩，直攻韩国都城新郑（今河南省新郑市）。韩国向齐国求援。威王任命田忌为将，孙膑为军师，仍用13年前围魏救赵之计，发兵直扑魏都大梁。庞涓不得不撤韩都之围，率军回救。田忌采用孙膑"增兵减灶"之计，麻痹魏军，诱敌深入，在马陵（今山东省莘县）伏击魏军，大获全胜。庞涓被杀，魏太子申也被齐军俘获。

马陵之战后，魏国国力大亏，从此一蹶不振。前334年，魏惠王亲自带着礼品，与韩国和一些小国一起，来到齐国的徐州（今山东省滕州市东南），朝见威王，尊威王为王，史称"徐州相王"。"徐州相王"之后，威王成了当时天下真正的霸主，齐国也"最强于诸侯"，称霸东方。

前320年，雄才大略的齐威王与世长辞。临淄城东南、牛山之东，东西排列着4座高大的墓冢，它们依山而立，一基四巅，东西并列，绵延相连，史称"四王冢"。其中西边第一座就是齐威王之墓，另三座为齐宣王、齐闵王、齐襄王之墓，均为全国重点文物保护单位。

第二节　名臣

一、管仲

管仲（前730—前645），名夷吾，字仲，谥敬，也称敬仲，后世尊称其为"管子"，春秋中叶颍上（今安徽省颍上县）人，姬姓后裔，管严之子，是中国古代著名的经济学家、哲学家、政治家、军事家，被誉为"法家先驱""圣人之师""华夏文明保护者""华夏第一相"。

管仲年轻时生活得穷困潦倒，他与好友鲍叔牙一起经过商，当过兵，还做过下层小吏。后来，他们被齐僖公聘为公子傅，管仲给齐僖公的二儿子公子纠当师傅，鲍叔牙给齐僖公的小儿子公子小白当师傅。

前674年，齐僖公去世，他的大儿子诸儿即位，也就是齐襄公。襄公荒淫无耻，任意妄为，政治昏暗。许多有识之士预感到齐国将要发生动乱，于是管仲保护公子纠逃到鲁国去避难，而鲍叔牙则与公子小白一起跑到了莒国。前686年，襄公的堂弟公孙无知杀死襄公，自立为君。一年以后，公孙无知又被齐国贵族杀死，齐国一时陷入群龙无首的混乱局面。在国外的公子纠和小白一见时机成熟，都想回国夺取君位。鲁国发兵送公子纠回国，派管仲带兵堵住莒国到齐国的路。管仲一箭射中小白衣带钩。小白急中生智，假装倒地而死，骗过管仲和公子纠，日夜兼程抢先一步赶回齐国

《管仲像》　雕塑　孟康创作

都城临淄，并在国、高二卿的拥护下顺利地登上了君位，他就是赫赫有名的齐桓公。

桓公即位后，准备请鲍叔牙出任齐相，鲍叔牙却向桓公举荐了管仲，他认为要实现富国强兵的理想、创建霸业，非管仲这样的天下奇才不可。在鲍叔牙的力谏下，胸襟宽广的桓公不计前嫌，决定争取管仲归国，为己所用。

前685年，桓公拜管仲为相，并尊其为仲父。管仲根据当时的形势，锐意创新，对齐国的政治、经济、军事、社会等领域进行了一系列改革。

（一）政治方面的变革

第一，中央实行"五官制"。桓管时代，齐国朝中在宰相之下设置五官，以司各项专门事务。当时，齐国所设的五官是：主管司法的最高长官"大司理"，主管军事的最高长官"大司马"，主管经济的最高长官"大司田"，主管外交事务的最高长官"大行"和主管进谏、咨议的最高长官"大谏"。五官各负其责，使国家的各项事务清晰而不庞杂，既提高了办事效率，又保证了政令推行。尽管"五官"并非齐国首创，但齐国的"五官制"较古代"五官"，其体系更加完整，各项规定更加具体、完善和规范，对后世影响也颇为深远。从这个意义上说，它是一种崭新的富有浓厚地方特色的职官制度，也是对中国古代职官制度独树一帜的创新。

第二，地方实行"参其国而伍其鄙"的行政区划。《国语·齐语》记载，桓管时期，为了集权中央，齐国首先建立了新的地方行政区划，先后实施了"参其国"和"伍其鄙"。"国"即国都及其郊区。"参其国"就是把"国"划分成二十一个乡，其中工乡三个，商乡三个，士乡十五个。"鄙"即乡村。"伍其鄙"就是规定三十家为一邑，设一司官；十邑为一卒，设一卒帅；十卒为一乡，设一乡帅；三乡为一县，设一县帅；十县为一属，设一大夫。全国乡村共分为五属，分别由五个大夫管理。每年正月，五属大夫例行向桓公报告属内政绩，朝臣督察其功过。地方各级官吏由国君直接任免，统一执行国君的政令。"参其国而伍其鄙"的目的是"定民之居，成民之事"，也就是使民众各有其居、各守其业，不许杂处或任意迁徙。这一改革举措强化了国君对直属领地的控制，使全国形成统一整体，并引领了区域行政建制的改革，引发了郡县制的出台。齐国推行"参其国而伍其鄙"，可以说是郡县制的初端。虽然在周初直至秦始皇实行郡县制之前，历史文献中都可见以"郡""县"作为行政区划的名称，但在一国之中，对地方全面实行分辖区分级管理的，仅有齐国。秦始皇统一中国后，把全国分为三十六郡，每郡辖县若干，其思路与"参其国而伍其鄙"是相通的。从这个意义上说，"参其国而伍其鄙"可看作郡县制的发端，郡县制是对"参其国而伍其鄙"的发展和完善。

第三，改革用人制度。一是以国家严密的政令形式选拔人才，实行"三选之法"，即推行乡长进贤、官长选贤、国君考察用贤的三级举贤制度，并规定各地有好学、慈孝、聪慧或者武力出众者，当地官吏都有责任推荐，否则就要追究其"蔽贤""蔽明"之罪。三选法有固定的时间、规定的程序、明确的职责和任用的办法等。由此就建立了一套包括官长选拔、桓公面试、实践考察在内的人才选拔制度。人才无论出身贵贱，地位高低，才能大小，只要有一技之长，都可能被推荐和选拔，即"匹夫有善，可得而举"。三选法不仅完全冲破了世卿世禄旧制的束缚，为大批德才兼备的中下层人士进入仕途敞开了大门，进而大大扩大了选贤范围，也使人才选拔体系更加制度化、规范化。二是察能授官，因功授爵，不拘一格选用人才。管仲劝桓公"无听左右之请，因能而授禄，录功而与官"，"爵授有德"，"禄予有功"（《管子·问》），"使贤者食于能，斗士食于功"（《管子·法法》）。由此就打破了世卿世禄制和请谒成风、用人唯亲的陋习，使下层士人只要有善行或有治国才能，便可一朝被授任官职，开辟了其上升的渠道，也使无功无能的人"莫敢索官"。

此外，建立官吏考核奖励制度。桓公每年都定期听基层官吏汇报，听其言，观其行，以禁绝虚言佞幸之徒的升迁之路。

（二）经济方面的改革

要称霸诸侯，就需要有强大的经济后盾作为支撑。桓管在革新政治的同时，在经济方面也进行了一系列配套改革。

第一，对农业进行改革。最重要的改革有两个方面。一是实行"均田分力"的土地政策。春秋时期，由于铁器的使用和牛耕的推广，大量荒地被开垦出来，出现了公田之外的私田，也产生了"公田不治""田在草间"的荒凉景象，"井田制"逐步成为当时生产力发展的障碍。针对这一情况，管仲对土地经营制度进行了大胆改革，实行"均田分力"，即土地经过公平折算后租给农民，使其分户耕种。这种方法虽然没有完全废除公田，却打破了公田与私田的界限，把两者融合在一起，将公田按土壤等条件的不同和人口的多寡进行分配。这一举措使得农民自身抓紧农时，晚睡早起，劳动热情被大大激发。二是在农业税征收上，创造性地提出了"相地而衰征"这一新的土地租税制度。即按土地的肥瘠程度等条件给土地分等级，从而确定租税额。这一改革产生了积极而深远的影响，它不但使农民经营土地的积极性大大提升，而且使齐国的农业得到较快恢复和发展。齐国逐渐出现地广、人众、粟多的强盛局面，而且带动了其他诸侯国的改革，加速了封建制度的进一步发展，如其后鲁国实行"初税亩"，秦国实行"初租禾"，都受到了齐国改革的影响。

第二，对工商业进行改革。一是实行"官山海"政策。所谓"官山海"，即由国家对盐、铁进行专卖。其实质就是国家对经济进行控制和干预，由此也拉开了国家宏观干预经济命脉的序幕。二是主张"利出一孔"，加强政府对经济调节的干预。管仲主张"利出一孔"，即涉及国计民生的物价，要由国家来主导，他认为经济权益由国家统一掌握，这样的国家会强大无敌；分两家掌握，军事力量将被削弱一半；分三家掌握，就无力出兵作战；分四家掌握，其国家一定灭亡。否则，不懂得轻重之术，就不能组织经济之"笼"来控制民间；不能够调剂民利，就不能讲求通过管制经济来实现国家大治。尽管管仲并没有提出实施"利出一孔"的具体措施和方案，但这一思想影响深远，典型的例子就是商鞅运用其思想在秦国实行"农战"国策，使秦国富强一方。

第三，改革对外贸易。在致力于发展国内贸易的同时，齐国十分重视发展与其他诸侯国之间的贸易，并实行比国内贸易更为自由、开放的贸易政策。为鼓励境外贸易，实行对商业贸易的减免税优惠政策，鼓励商品的流通与交换。一是鼓励出口。让商人自由出口鱼盐等商品而不上税，"关市讥而不征，以为诸侯利"，就是在关、市只进行检查，而不收税。二是鼓励进口。对进口货物也实行"讥而不征"，或收取很少的税，"三十税一""五十税一"。此外，对外商在旅途和生活方面提供诸多便利，"请以令为诸侯之商贸立客舍"，外商来车一乘得免费供应来人伙食，来三乘的供给马的饲料，来五乘的除了享受上述优待，还有专人的照应。另外，三十里设一驿站，积储食物以供应来往商贾。上述优惠政策的实行，使"天下之商贾归齐者若流水"。通过发展商业和对外贸易，齐国的经济迅速发展，国力日益强盛，从而为称霸诸侯打下了坚实基础。

齐国还实行了"四民分业定居"制度，使"农之子恒为农""工之子恒为工""商之子恒为商"，既为培养一批从事农、工、商的专门队伍提供了制度保障，有利于稳定农、工、商的队伍，又保证了农业、手工业和商业发展技术的延续和提高。

（三）军事方面的改革

桓管不仅在政治上、经济上进行大幅革新，在军事上也进行了改革。具体地说，管仲进行了"作内政而寄军令"的改革，也就是把军令寓于内政之中，寓兵于农，兵民合一，把军事组织和行政组织有机结合起来，平时生产，战时从征。十五个士乡的行政组织是：五家一轨，设一轨长；十轨一里，设一有司；四里一连，设一连长；十连一乡，设一良人。与此相应的军事组织是：每家出一人，一轨组成一伍，由轨长率领；一里五十人，组成一小戎，由里有司率领；一连二百人，组成一卒，由连长率领；一乡二千人，组成一旅，由乡良人率领；五乡一万人，组成一军，立一元帅。这样十五个士乡可以组成三军，从而扩大了兵源，增强了军力。为了解决军队的武器问题，规定罪犯可以用盔甲和武器来赎罪。犯重罪的，可用甲与车戟赎罪；犯轻罪的，可以用胄与车戟赎罪；犯小罪的，可以用铜铁赎罪。这样可补充军队的装备不足。这是一种社会与军事相结合的战斗体制，亦为后来大规模的战争做了准备。

另外，前述"参其国而伍其鄙"的行政区划，也不是一套一般的行政体系，而是一种军事政治体制。它是借建立配套的行政机构之机，寓兵于民，把全国民众组织起来，纳入军事编制，建立的一种军政合一的体制。

（四）改革社会管理制度

第一，创立"四民分业定居"制度，加强对全国居民的控制。从商代一直到春秋时期，以血缘为纽带的宗族组织依然普遍存在。桓管改革之前，原有的宗族行政管理体制已遭到严重破坏，人们纷纷脱离原来的血缘组织，混居"杂处"，因此政治秩序难以维持。要想让人们回到原来的宗族组织中去也已经不可能。在这种情况下，管仲采取了顺应时势的策略，"定四民之居""令勿使迁徙""勿使杂处"。他把士、农、工、商并列为"四民"。他认为，从事这四种职业的人，应世代相传，且各居其职，不相混杂。这样，他们就能专心于自己的职业，即所谓"少而习焉，其心安焉，不见异物而思迁焉"。基于此，管仲在全国实行了"四民分业定居"的措施，即按照人口分布的地域和职业，使士、农、工、商四民各居其职所，各有专业，并可世代承袭本职，不相混杂，也不能自由迁移。这一措施的推行，不但有利于稳固社会秩序，而且对定国安邦也起到重要作用。同行业的人因聚居而便于互通信息，彼此交流生产经验，这不仅有助于提高劳动生产率，还便于推行生产的专业化，更对中国古代职业分类产生了重要影响。"四民分业定居"成为我国最早的职业类型分组模式，在此后两千年里一直是被统治集团的典型分类结构。

第二，实行"九惠之教"制度。管仲认为，对民"爱之，利之，益之，安之"，"四者道之出，帝王者用之而天下治"（《管子·枢言》）。其中的安民，就是要建立社会保障制度。齐国实行了"九惠之教"的社会保障制度，《管子·入国》记载：管仲任相四十年，十分重视实施九惠的教化政策。第一是敬老，第二是慈幼，第三是恤孤，第四是养疾，第五是合独，第六是问病，第七是通穷，第八是赈困，第九是接绝。具体地说，"敬老"制度规定：年纪在70岁以上的老人，免其一子的征役，每年三个月有官家所送的馈肉；80岁以上的，免其二子的征役，每月有馈肉；90岁以上的，全家免役，每天都可享受酒肉的供应。子女准备饮食时，会询问老人的要求，了解老人的喜好。老人死了，君主供给其棺椁。"慈幼"制度规定：凡士民有幼弱子女，无力供养成为拖累的，养三个幼儿即可免除"妇征"，养四个则全家免除"妇征"，养五个则配备保姆，官家发给两人份额的粮食，直到幼儿能生活自理。"恤孤"制度是动员社会力量抚育孤儿。"养疾"制度规定：对身体残疾、生活不能自理的人，官家将其养在"疾馆"，供给其饮食，直到身死为止。"合独"制度规定：丈夫丧妻的即所谓鳏，妇人丧夫的即所谓寡，使鳏寡相配，予其田宅而使之安家，三年后再给国家提供职役。"问病"制度规定：士民有病的，"掌病"官吏以君主旨意进行慰问。"掌病"官吏要巡行国内，以慰问病人为专职。"通穷"制度是对那些居无定所、食无粮食的贫寒之家给予救济。"赈困"制度规定：凶灾之年，为人佣工者往往病而至死，管理者要宽缓刑罚，宽赦罪人，发放仓库粮食来救济他们。"接绝"制度规定：对死于国事或死于战争的人，使其生前好友或故旧，领受国家一笔钱，负责祭祀他们。由上可知，"九惠之教"制度是关于民生治理的"一揽子"大政方针，涉及社会多种弱势群体，包含民生、民政领域的大部分内容，是一套完整的民生管理和社会保障方案。其内容之具体、措施之完整、规制之得当，堪称中国古代民生关怀之大成，是前无古人的。

（五）改革外交政策

为了早日实现霸业，在以上改革的基础上，管仲对齐国的外交政策进行了改革。

第一，改变国与国之间的敌视政策，"亲邻国""安四邻"。管仲反对单纯以武力征服诸侯，主张先以外交手段亲近邻国，交好诸侯，争取各国的拥护与信赖，然后择乱而征，保证师出有名，顺利称霸。所以，他劝齐桓公首先以实际行动亲近邻国，返还其侵地，不受其资财，多给他们重礼，经常与诸侯往来，让邻国安心并亲近齐国。对于诸侯，管仲主张采取"拘之以利，结之以信，示之以武"的政策，使诸侯"莫之敢背，就其利而信其仁、畏其武"。《史记·齐太公世家》记载：前681年，齐国与鲁国会盟于柯，鲁国的曹沫持匕首劫持桓公，要求他归还被侵占之地汶阳，桓公被迫答应。事后，桓公想毁约并出兵报复。管仲及时加以谏止，开导桓公说，背信毁约只不过是图一时快意，却可因此失信于诸侯，失去天下的拥护，得不偿失。桓公听从管仲之言，履约归还了鲁地。各国诸侯得知此事，都认为齐国守信，而想归附齐国。此后不久，齐国归还了以前侵占的鲁国棠、潜两邑，卫国台、原、姑、漆里四邑，燕国柴夫、吠狗两邑，从而使南面的鲁国、西面的卫国、北面的燕国都成为齐国的友好邻邦。齐国还主持公道正义，抑强扶弱；用重礼聘赠诸侯，划正疆界等。以上改革，改变了国与国之间的敌视政策，缓和了外交关系，稳定了诸侯国，赢得了诸侯对齐国霸业的归心。

第二，提出"尊王攘夷"的战略方针。在争霸战略上，管仲充分利用了太公建国时齐国获得的"五侯九伯""实得征之"的征伐大权,以"尊王攘夷"为令旗,号召天下诸侯。"尊王",即尊重周王室,承认周天子的地位。"攘夷",即联合当时中原诸侯国(所谓"诸夏"),共同抵御戎、狄等部族对中原的侵扰。由于当时夷狄不断进犯中原,齐打出"攘夷"大旗,符合诸侯国的根本利益。因此,"尊王攘夷"的外交路线使齐国在舆论上获得了号召力,在行动上掌握了主动权,在效果上既调动了华夏部落的情绪,得到了广泛的拥护,捍卫了华夏文明,更为桓公名正言顺地成为春秋首霸铺平了道路。

管仲相齐几十年,在诸多方面实行了改革,使齐国国内政治稳定,经济繁荣,人民富庶,并最终使桓公成就了"九合诸侯,一匡天下"的春秋伟业。此番伟业成为春秋史上一道亮丽的风景线。不仅如此,管仲的改革思想还启迪和开创了先秦的管仲学派,对后世产生了重要影响。管仲相齐的历史功绩得到了当世以及后世的广泛赞誉。齐桓公曾说:"寡人之有仲父也,犹飞鸿之有羽翼也,若济大水之有舟楫也。"孔子曾评价道:"桓公九合诸侯,不以兵车,管仲之力也。如其仁!如其仁!""微管仲,吾其被发左衽矣。"(《论语·宪问》)梁启超曾在《管子评传》中指出:"管子者,中国最大之政治家,而亦学术思想界一巨子也……其事业所影响,其功德所沾被,不徒在区区一齐,而能为中国历史上开一新生面耶!""如管子者,可以光国史矣!"历代政治家一直将管仲与商汤时的贤相伊尹并提,或与其后的燕赵名臣乐毅并称,将其作为古代名臣之典范。

管仲去世以后,葬于今淄博市临淄区牛山北麓。管仲的思想和言论被管仲学派收于《管子》一书中。

二、晏婴

扫码学习
相关内容

晏婴,又称晏子,字平仲,春秋时期齐国夷维(今山东省高密市)人。约生于前580年,卒于前500年。其先人曾事齐桓公,其父晏桓子,名弱,是齐国大夫,颇有建树。前556年,晏弱去世,晏婴便继承其父的爵位而登上齐国政治舞台,并在齐景公时为相。晏婴历仕灵公、庄公、景公三世,辅政长达五十余年,是继管仲之后齐国的名相。

晏婴虽身材矮小，其貌不扬，却赢得了生前的社会尊重，以及身后的赞誉。之所以如此，主要有以下几个原因。

第一，以民为本，鞠躬尽瘁。

晏婴之所以能够名扬千古，靠的就是他身体力行，为国为民，鞠躬尽瘁。首先，晏婴认识到爱民的重要性。他最早、最明确提出"以民为本"的命题，"卑而不失尊，曲而不使政者，以民为本也"（《晏子春秋·内篇问下》）。强调统治者凡事要为民众着想，这样才能得到民众的支持。"意莫高于爱民，行莫厚于乐民"（《晏子春秋·内篇问下》），其意是：没有比爱护百姓更高明的想法，没有比让百姓快乐更宽厚的做法。针对景公沉湎酒色、奢侈腐化的错误行为，晏婴指出："夫乐者，上下同之。"强调君主只有与百姓同欢乐，才能赢得百姓的拥护。他最早提出了"与民同乐"的主张。其次，也是更为重要的，他还将"以民为本"作为重要的执政原则。他体恤民情，关心疾苦，为民请命，申民不平。《晏子春秋》中记载了晏婴爱民慈众的大量善行，如"踊贵屦贱""出裘发粟"等。这些都体现了其对"以民为本"执政原则的践行，彰显了其浓郁的民本情怀。

第二，崇廉尚俭，身体力行。

一是晏婴具有深刻的廉政思想。他最早提出了"廉为政本"的观点，"廉者，政之本也；让者，德之主也。……廉之谓公正，让之谓保德"（《晏子春秋·内篇杂下》），将廉政提到政治根本的高度。二是率先垂范，厉行节俭，晏子在衣、食、住、行等方面都堪称节俭的典范。当时，齐景公"内好声色，外好狗马，猎射亡归，好色无辨"（《淮南子·要略》），致使当时齐国上下奢靡之风盛行。晏婴认为，欲矫时弊，先正己身。因此，他从自我做起，在生活的方方面面都重俭力行，率先垂范。他"食不重肉，妾不衣帛"，即吃饭从来没有两盘菜有肉，家里的侍妾也不穿绸缎衣服。他"食脱粟之饭，炙三弋、五卵、苔菜耳矣"，即吃糙米饭、烤鸟肉、大粒盐和苦菜。他穿的是"缁布之衣"，"一狐裘三十载"。他住在近市之地，居所十分简陋、低矮窄小且喧闹嘈杂。在行方面，他出行乘坐的是劣马驾的破车。崔氏之乱后，许多逃亡的卿大夫都被召回来，返回旧邑。景公欲赏晏婴邶殿60个城邑，却被他拒绝。在婚姻方面，景公曾想将女儿嫁给晏婴，陈无宇也劝他另娶妻妾，均遭其拒绝；东郭一女子因报恩愿以身相许，他也没有答应，仍与老妻相伴。在丧事上，晏婴主张从简并身体力行，其父晏弱贵为大夫，去世时却没有厚葬。三是力谏国君止奢侈、行廉政。面对当时愈演愈烈的奢靡之风，晏婴忧心忡忡，并勇敢地拿起讽谏武器，匡正君过，推行廉政。他不仅谏君戒服饰之侈，还谏君戒游乐无度，谏君戒横征暴敛。景公为了满足声色犬马的生活，不惜对百姓横征暴敛，致使"民参其力，二人于公，而衣食其一"。

第三，举贤任能，不徇私情。

晏婴深刻地认识到人才对社会发展的重要性。当齐景公问晏婴善于治国的人应当如何采取措施时，他说："举贤以临国，官能以救民，则其道也。举贤官能，则民与若矣。"（《晏子春秋·内篇问上》）他还说："国有三不祥，是不与焉。夫有贤而不知，一不祥；知而不用，二不祥；用而不任，三不祥也。"（《晏子春秋·内篇谏下》）当景公问取贤人之道时，晏婴说："任人之长，不强其短；任人之工，不强其拙。"（《晏子春秋·内篇问上》）大意是：对人才不能求全责备，要注重用其所长，不能过分究其短。典故"得意扬扬"说的就是晏婴的御者知错就改、勤勉进步，晏婴不徇私情、对其重用的故事。此不赘述。

第四，出使四方，不辱君命。

据史料记载，晏婴是一个敏于行而善于辩的人。他头脑机敏，能言善辩，既灵活又坚持原则，出使他国不受辱，捍卫了齐国的国格和国威。典故"晏子使楚""晏子使吴"讲的就是晏婴出使诸侯国刚柔相济、不辱使命的故事。

综上所述，晏婴是一位杰出的政治家、思想家和外交家。他辅政时，正值齐国不断走向衰落，国君昏聩，内有天怒人怨之忧，外有秦楚之患的危难之时。他凭借一腔爱国热情，用自己的聪明才智尽力补天，力挽狂澜，使齐国在各诸侯国中赢得了应有的地位，他本人也赢得了诸侯们的敬佩以及后世的敬仰，被称为"一代贤相""一代廉相"。一代史学巨匠司马迁对晏婴仰慕至极，赞曰："假令晏子而在，余虽为之执鞭，所忻慕焉。"

晏婴墓位于齐国故城宫城北门外，今淄博市临淄区齐都镇永顺村东南约350米，为临淄八景之一。

三、田穰苴

田穰苴，又称司马穰苴，春秋末期齐国人，是田完（陈完）的后代，齐田氏家族的支庶，春秋时期著名的军事家，齐国兵学的代表人物之一。

在晏婴的举荐下，田穰苴率齐军击退晋、燕入侵之军，因功被封为大司马，世称司马穰苴。他的军事思想被齐威王时的稷下兵家整理成《司马穰苴兵法》一书，与古代《司马法》编辑在一起，合称《司马法》。司马迁称赞《司马法》曰："闳廓深远，虽三代征伐，未能竟其义。"

《史记·司马穰苴列传》记载，田穰苴是陈国的名门望族，幼年时家境衰败，清苦贫穷，但他好读书求上进，专心钻研治国治军方略。此时齐国国君齐景公正沉溺于声色犬马之中，专事游乐，致使民不聊生，众怨沸腾。燕、晋两国认为有机可乘，便先后侵犯占领了齐国的大片领土，齐都临淄岌岌可危。危急之下，贤相晏婴认为田穰苴文能服众，武能威敌，是个难得的文武全才，于是建议景公任田穰苴为将。景公接受了晏婴的举荐，任命穰苴为将军。

田穰苴想树立威信以服众心，便向景公要求派一位德高望重的大臣去做监军。景公派了宠臣庄贾担此重任。穰苴和庄贾见面后，约定次日中午在军营大门会合，一起检阅军队，处理军务。第二天，田穰苴提前来到军营，布置好观测时间的标杆和滴漏，等候庄贾，而庄贾却因醉酒迟到。田穰苴为立军威，按军法怒斩庄贾，并杀掉了前来求情的景公使者的随从，砍断了车厢左边的一根木头，并警示三军，严明军纪。于是全军上下无不听从田穰苴的指挥。

田穰苴从严治军、以法治军，杀了不守约定、违犯军法军纪的监军庄贾，既树立了自己的威信，也教育了将士，从而增强了齐军的战斗力，击退了敌军，收复了失地。田穰苴刚直不阿，从不谄媚逢迎。景公日夜饮酒作乐，不理朝政，《晏子春秋·内篇杂上》记载，一天，景公在宫中饮酒取乐，一直喝到晚上，意犹未尽，便带着随从先来到齐相晏婴家，要与晏婴夜饮一番，不料却吃了闭门羹。接着，景公又来到田穰苴家中。田穰苴听说景公深夜造访，忙全身披挂，持戟出门迎接，急问："敌人入侵了吗？国内发生叛乱了吗？"景公说："没有，就是想找你喝酒。"田穰苴断然拒绝。景公悻悻而退，最后到大夫梁丘据家，喝了个通宵。由于田穰苴正直无私，一些大夫便常向景公进谗言。后来，景公罢免了田穰苴。田穰苴无辜被免职，有些想不开，竟郁闷成疾，一病不起，最后抱憾而终，与世长辞。

田穰苴死后葬于临淄城郊，其墓在今淄博市临淄区齐都镇尹家村南，墓高10米，南北25米，东西38米，保存完好，为省级重点文物保护单位。

四、孙武

孙武，字长卿，齐国乐安（今山东省北部）人，春秋末期齐国著名的军事家、政治家，田氏后裔。后人尊称其为孙子或孙武子，被誉为"兵家至圣""百世兵家之师""东方兵学的鼻祖"。

孙武大约活动于前6世纪末至前5世纪初。当时正值齐景公执政时期，齐国内部矛盾尖锐，斗争激烈，执政的贵族之间不断倾轧残杀，一心想着施展才华、实现梦想的孙武十分失望，便带着自己撰写的兵书，于前512年离开齐国，投奔吴国。

孙武到吴国后，结识了伍子胥。后来吴王阖闾夺了吴王僚的王位，而且阖闾是一位既有变革图强思想，又有良好政治军事才能的君主，其即位以后，礼贤下士，网罗人才。阖闾任命伍子胥为行人（相当于今外交部部长一职），参与计议军国大事。伍子胥便向阖闾屡次推荐孙武。阖闾读了孙武的十三篇兵法，大为叹赏，很想起用他为将军，便决定先试他一试。

《史记·孙子吴起列传》记载，一天，吴王阖闾把孙武召来，请他操练宫女，以考察他的军事能力。孙武把挑选出来的180名宫女分为两队，指定阖闾最宠爱的两位美姬为队长，同时，按照兵法规定的程序，指派自己的驾车人和陪乘担任司马和司空，负责执行军法。分工已定，孙武站在指挥台上，向她们耐心讲解操练要领，并且申明军法。第一次操练，宫女们心不在焉，掩口而笑，谁也没有按号令行动。于是孙武先严肃地自责道："我规定不明确，你们对约令不熟悉，这是我的过错。"接着，他又把军法军令和操练要领仔仔细细交代了一遍，并三令五申有关条令，同时特别关照领队的两个队长要带头听令，领好队伍。尔后，亲自擂鼓，指挥第二次演练。谁知宫女们更觉得有趣，个个笑得前仰后合，弄得队伍大乱。孙武见状，勃然大怒，声如虎

《孙子演兵阵》　雕塑　魏二强创作

吼，喝令将两队队长推出斩首示众。阖闾看到自己的宠姬将要被斩首，大惊失色，急忙派人拦阻，但孙武仍严肃地说："将在外，君命有所不受。"坚持把两个领队的美姬杀了，另外指定两个队长，下令继续操演。众宫女这回个个像换了个人似的，不敢有半点怠慢，大家全神贯注，随着鼓点操练起来。不一会儿便练得步法纯熟，动作整齐。阖闾见孙武确有才能，便拜孙武为将军。这便是典故"吴宫教战"的由来。

之后，孙武和伍子胥共同协助阖闾治理军国大政。在孙武的率领下，吴国军队很快便成为一支纪律严明、勇猛顽强、步调一致的军队。

前506年，吴王拜孙武为将军，伍子胥、伯嚭为副将，倾全国兵力，并联合唐、蔡等国，大举出兵攻楚。吴军采取孙武"因粮于敌"的策略，经过五次大战，只用了十几天工夫，就击败了楚军，攻入了楚国都城郢（今湖北江陵北），楚昭王慌忙出逃。经此一战，吴国声威大振，楚国受到了立国以来最大的打击。后来阖闾去世，夫差继位。孙武辅佐吴王夫差建立霸业后，遂退隐林泉，著述授徒，以终余年。另一种说法是，他重返齐国，在家乡隐居授徒。

孙武不仅用兵如神，还写下了《孙子兵法》。该书共13篇，内容丰富，言简意赅，博大精深，是我国古代流传下来的最早而又保存比较完整的军事著作，被誉为

"百世兵家之师"。该书现已被译成英、日、俄等20多种语言文字，在世界上广泛流传和应用。日本推崇其为"东方兵学的鼻祖""兵书圣典""世界古代第一兵书"。

五、孙膑

孙膑，字伯灵，战国时期齐国著名的军事家，出生于阿、鄄之间（今山东省阳谷县、鄄城县一带），是孙武的后代。

《史记·孙子吴起列传》记载，孙膑曾与庞涓为同窗，两人同在鬼谷子门下潜心学习兵法，当时鬼谷子隐居于梓潼山（今山东省淄博市淄川区梓潼山）。庞涓心胸狭窄，狂妄自大，只跟鬼谷子学了三年兵法便自以为天下无敌，下山前往魏国应聘，被魏惠王拜为大将。后来庞涓将孙膑召至魏国，他对孙膑的才华非常妒忌，便捏造罪名将孙膑处以膑刑和黥刑，想使他埋没于世、不为人知。

后来，到魏国出使的齐国使者偷偷地将孙膑藏在车中，救回齐国。齐国将军田忌非常赏识孙膑，待之如上宾。齐威王和田忌关系很好，两人经常下注赛马，马分上、中、下三等，两人分别以对等的马比赛。因为威王用的是从全国挑选出来的好马，所以田忌常常胜少输多。孙膑发现比赛的马脚力都差不多，可分为上、中、下三等，于是建议田忌加大赌注，并且向他保证必能取胜。比赛开始以后，孙膑让田忌的下等马对威王的上等马，田忌的上等马对威王的中等马，田忌的中等马对威王的下等马。田忌按照孙膑的办法与威王比赛，果然二胜一负，取得胜利。这便是典故"田忌赛马"的由来。威王问田忌办法是谁教他的，田忌便将孙膑的计策说给了威王。威王马上召见孙膑，请教他一些军事问题，孙膑一一作了回答。威王大喜，当即任命其为军师。

之后，孙膑辅佐齐国大将田忌两次击败庞涓，取得了桂陵之战和马陵之战的胜利，设奇计大败魏军，并射死庞涓。后来，田忌被邹忌排挤，流亡到楚国，孙膑也随他一起逃亡楚国。

前320年，威王死后，齐宣王即位，孙膑又与田忌一起回到齐国，最后隐居至死。孙膑死后，其军事成果被收入《孙膑兵法》一书。《孙膑兵法》共计16篇，近5000字。《孙膑兵法》全面、真实地反映了孙膑的军事思想，而正是依靠这些卓越的军事理论，孙膑得到了齐威王的赏识和重用。

六、田单

田单，妫姓，田氏，名单，临淄（今山东省淄博市临淄区）人，战国时期齐国名将，田齐宗室的远房子弟。齐闵王时，田单曾在齐都临淄当过市掾（管理市场的小官）。前284年，燕将乐毅率燕、秦、赵、韩、魏五国联军，大举伐齐，攻陷临淄。闵王被迫逃往莒（今山东莒县）。

在联军攻陷临淄城之前，田单和他的族人退到了安平（今临淄东北皇城镇）。田单预料联军必进攻安平，就让族人事先把车轴两端伸出的部分锯短，包上铁皮。果然，联军攻下临淄以后迅速挥兵进攻安平，并很快攻破安平。安平人争相逃命，但由于路窄车多，车轴头又长，车与车互相碰撞，轴断车翻，大都被联军俘获。只有田单及其族人因车轴短，又包了铁皮，才得以幸免。这时，齐国只有莒和即墨（今山东省即墨北）未被燕军攻占，田单就和族人逃到了即墨。

燕军长驱直入，进围莒城。此时，闵王被楚将淖齿杀死。没过多久，王孙贾又杀掉淖齿，拥立闵王之子田法章为王，是为齐襄王。襄王号召民众，拼死守城，抵抗燕军。乐毅见莒城久攻不下，只好调整部署，留右军和前军继续围攻莒城，自己则率左军和后军转而向东进攻即墨。

即墨城墙坚固，粮食、物资多，加之即墨军民殊死抵抗，燕军一时难以攻破。不久，即墨的守城主将在战斗中不幸阵亡，守军无首，形势危急。这时，那些和田单一起逃难的人便推举田单负责指挥守城。在大敌当前、孤城悬危、即将国破家亡之际，田单慨然应允，被众人拥立为将军，勇敢地承担起领导即墨军民抗击燕军、保卫即墨的重任。

受任之后，田单冷静地分析了自己一方面临的形势。他认为，在敌我力量悬殊的情况下，斗智才是唯一出路。因此，他一方面采取措施，进一步激励即墨军民的斗志，另一方面又屡出奇计，疲敌误敌，使形势逐渐朝着有利于齐军的方向转化。

为了激励军民斗志，田单处处以身作则，与士兵同甘共苦。他不仅与士兵一起劳作、战斗，还把自己的妻妾编到守城队伍里，以表达守城的决心和意志。此外，他拿出个人的财物，犒赏有功的部下。这样，田单很快在守城军民中树立起崇高的威望，为统一指挥和坚守即墨城创造了有利条件。

　　齐军要想战胜燕军，必须首先设法除掉乐毅。田单一面坚守即墨，一面寻找除掉乐毅的机会。前279年，信任乐毅的燕昭王病死，他的儿子、与乐毅关系不好的燕惠王继承了王位。田单施行反间计，派人到燕国散布谣言，说乐毅之所以缓攻即墨、莒，是想借伐齐之机自己称王。燕惠王信以为真，立即派将军骑劫前去代替乐毅。听说乐毅被革职，燕军都愤愤不平，因而军心涣散，士气下降。

　　田单为进一步涣散燕军军心，增强齐国军民的斗志，便让一个心腹装扮成神仙模样，当众拜这个心腹为"天师"，"天师"便说是上天派他来帮助城中军民拒敌复国的。从此，田单每传一道令或办一件事情，都要向"天师"请教。有一天，他假借"天师"的口说，要守住即墨城，就必须有祖先的神灵保佑。他让人每日三餐后将饭撒一些在房顶上，供祖先的灵魂食用，以表祭祖。这样一来，城内城外的鸟儿，每日都成群结队地到城里的房顶上觅食，十分壮观。守城军民以为是祖宗显灵，守城信心更足了。

　　为了进一步激起齐人对燕军的仇恨，田单还诱使燕军割去被俘齐兵的鼻子、刨即墨人的祖坟。即墨人从城上看到燕军暴行，悲愤欲绝，纷纷要求与燕军决一死战。田单见转机即将出现，便进一步加紧了反攻的准备工作。他把精壮的士兵都隐蔽起来，只让老弱病残和妇女、儿童上城防守；然后又把千镒（一镒等于20两，一说等于24两）黄金派即墨的富豪送给骑劫，以此麻痹骑劫。燕军停止了攻城，一心等齐军投降，毫无戒备。此时齐军却在秣马厉兵，准备反攻。田单命令齐军在一个大场子里扎上许多草人，外面罩上燕军兵将一样的衣服，里面包了草料，然后找来一千多头牛，赶进场子里训练。后来，牛学会了自己用角挑开衣服吃草，并养成了习惯。

　　这一千多头牛训练好后，田单决定立即决战。这一天，他命士兵给牛穿上红色外衣，画上五彩龙纹，在牛角上绑上锋利的尖刀，牛尾巴上扎上渍透了膏油的芦苇，又挑选五千名勇士，一个个画成鬼魂模样，然后派人偷偷地把城墙凿了几十个洞，可通城外。到了晚上，他下令把牛赶到洞口，点燃牛尾巴上的芦苇。牛尾一烧着，牛疼痛难忍，就从洞里冲了出去，向着燕军的营地狂奔，牛后面紧跟着的五千名勇士也一同向前冲杀。

　　这时，城墙上的军民一齐擂鼓呐喊，一时间震天动地。被烧得暴怒的火牛，头上顶着尖刀，见到燕军就挑，火牛后面的五千勇士，个个手擎利器，天兵一般神勇。燕军将士吓得慌作一团，哭爹喊娘地四散逃命，溃不成军，骑劫也在混乱中被杀。田单挥军乘胜追击，击溃了燕军主力。齐国民众纷纷赶来响应田单，很快田单便率领齐军收复了所有失地。

田单破敌复国，深得众望，大家都想拥戴田单做国君。田单没有听从，而是和大家一起去莒城迎接齐襄王田法章回临淄。襄王临朝以后，拜田单为相。后来，襄王又把安平城封给田单，封田单为安平君。

田单相齐之后，为了振兴齐国，他竭力协助襄王治国，忠于职守，勤政爱民，不料遭到襄王及其亲信宠臣们的忌妒。有一天，田单路过淄水，见到一个老人瘫在河边，他便解下自己的裘衣披在老人身上。襄王知道此事后，认为田单在收买人心，图谋反叛。在贯珠的劝解下，襄王才下令赐给田单牛酒以示嘉奖。

田单尽心尽力地帮助襄王治理齐国，却遭到小人的中伤谋算。当时，襄王身边有九个宠臣，个个都想中伤田单。他们请襄王派田单推荐的貂勃出使楚国，又诬陷田单、貂勃与楚王勾结，密谋叛齐。田单知道襄王对自己心怀猜忌，便脱去帽子，光着脚，露着上身来见襄王，请襄王治自己死罪。后在貂勃的劝谏下，襄王恍然大悟，杀掉了那九个宠臣，又把有一万户人家的夜邑（今山东省莱州市）增封给田单为食邑。君臣重新和好。

田单墓位于今淄博市临淄区皇城镇皇城营东南约700米处，略呈正方形，高5米，南北23米，东西33米，墓前有临淄区政府所立"田单之墓"石碑，为省级重点文物保护单位。

第三节　名士

一、淳于髡

淳于髡（约前386—前310），姓淳于，黄县（今山东省龙口市）人，曾因犯罪受过髡刑（古代一种剃光头的刑罚），故名淳于髡。淳于髡是战国时期齐国的政治家和思想家，著名的稷下先生，主要活动在齐威王和齐宣王之际。他身材矮小，身长不满七尺，相貌丑陋，出身卑微，做过"齐之赘婿"。但他博闻强记，滑稽善辩，才智过人。凭借此，他为齐国的学术发展，内政、外交工作都作出了重要贡献，在齐国史上占有重要地位。

淳于髡以博学多才、善于辩论著称，长期活跃于政治舞台，谏君说臣，言治乱之事，是稷下学宫中最具影响力的学者之一，被誉为"稷下之冠"。他学无定主，知识渊博，在众多稷下学士中形成独树一帜的杂家风格。他活跃于齐国的政治和学术领域，上说下教，"不治而议论"，对齐国新兴封建制度的巩固和发展，对齐国的振兴与强盛，对威、宣之际稷下之学的发展都作出了重要贡献。

不仅如此，淳于髡才思敏捷，还能用隐语劝谏齐君，匡正君过。齐威王即位之初，沉湎于酒色，不理朝政，致使百官慌乱，诸侯并侵，左右莫敢谏者，淳于髡挺身而出，用隐语劝威王"一鸣惊人"，威王幡然醒悟，整顿朝纲。前349年，楚发兵攻齐。威王使淳于髡至赵国请救兵，赵王与之精兵十万，革车千乘。楚国闻之退兵。威王在后宫摆酒为其庆功，淳于髡借机讽谏威王，令威王罢"长夜之饮"。在淳于髡的屡次谏言匡正下，威王励精图治，很快使齐国一跃成为强国，威行三十六年，成为战国七雄之一。对此，司马迁曾赞曰："淳于髡仰天大笑，齐威王横行。"

淳于髡还曾多次充当荐官的角色。他曾经在一天之内向齐宣王推荐了七名人才。宣王怀疑他推荐得太多、太滥，因而责问于他。淳于髡却用"长着一样翅膀的鸟们在一个地方住"等形象的比喻，说明了物以类聚、人以群分的道理，消除了宣王的疑惑。

淳于髡滑稽多辩，还长于外交。他数度出使诸侯，未尝受辱，"使楚亡鹄""犬兔俱毙"等有关他的典故至今都为人津津乐道。

淳于髡一生受齐王尊崇，长寿而终。其晚年时，致力于在稷下学宫培养人才，在学生中享有崇高威望。《太平寰宇记》记载，在他去世的时候，有三千弟子为他送终。

二、鲁仲连

鲁仲连（约前305—约前245），又名鲁连或鲁仲连子，战国后期齐国茌平（今山东省聊城市茌平区）人，稷下学宫后期著名学者、辩士。鲁仲连一生大部分时间是在稷下学宫中度过的。据传说，其晚年隐居于今淄博市桓台马踏湖一带，并终老于此地。

鲁仲连善于出谋划策，常周游列国，为人排难解纷而不受酬报。他一生不肯为官，始终保持着高风亮节。他生活的时代，正是战国后期七雄割据、战争频仍之际。东方六国日渐衰弱，而西方的秦国国势日强，对六国造成威胁。六国合纵抗秦，而秦则利用连横之策，对六国进行分化和瓦解，由此导致纷争不断。鲁仲连凭借自己炽热的爱国情怀和非凡的智慧，游走于各国之间，却不慕名利、不图回报。纵观鲁仲连一生，其最为历代所推重的事迹，主要是"义不帝秦"和"射书救聊城"。

典故"义不帝秦"说的是前257年，秦军围赵都邯郸，鲁仲连以利害劝赵、魏"义不帝秦"，赵、魏接受他的建议以后，联合燕、齐、楚等国抗击秦军，解邯郸之围。秦军撤退后，平原君想封赏鲁仲连，他却坚辞不受。平原君又以千金相赠，鲁仲连仍然拒受，他说："一个被天下人看重的士人，最重要的是能够为别人排忧解难，而不求任何回报。索取回报，是商人做的事情，我鲁仲连是决不会做这种事的。"

典故"射书救聊城"说的是，鲁仲连凭借自己的辩才，帮助田单收复失地、光复齐国的故事。前286年，燕昭王为了争霸天下，任乐毅为统帅，率兵伐齐，半年之内便攻占了齐国72座城池，当时齐国西部边陲重镇聊城也在其中。不久，燕昭王死，乐毅因与新君燕惠王有隙，被免官，由骑劫代之。这时，齐将田单趁机率兵抗燕复国，一口气收复了齐国71城，但因聊城城池坚固，守将负隅顽抗，故迟迟不能攻下。双方相持一年多，士卒死伤惨重，人民饱受战乱之苦。鲁仲连见此情景，便亲自来到齐军营寨，面见田单，请求暂停攻城，并亲写书信一封，由城东门射入城中，对固守聊城的燕将陈述利害，晓明大义，规劝他不要再昧于形势，做无谓牺牲。燕将见到书信，再三阅读，一连三日声泪俱下，迟迟不能自决，不得已自杀身亡。守城燕军因失帅而丧失战斗力，齐军很快收复聊城。齐王感念鲁仲连射书却敌之功，打算为他加官晋爵。鲁仲连却谢绝封赏，隐于海上。

这两个典故不仅彰显了鲁仲连非凡的胆识、高超的智慧和鞭辟入里、简洁含蓄的论辩艺术，更体现了他虽为布衣之士，却同情弱小、不畏强暴，爱国、仗义的精神，以及不贪事功、不贪名利的高贵品质。也正因此，鲁仲连赢得了后世不少文人贤士的仰慕，如唐代大诗人李白就视他为千古知己，并作诗赞曰："齐有倜傥生，鲁连特高妙。明月出海底，一朝开光耀。"而鲁仲连排难解纷、义侠独行、不慕名利的人格魅力也必将光耀千秋。

三、邹衍

邹衍，齐国（今山东省济南市章丘区）人，著名稷下先生，阴阳家代表人物、五行学说创始人。据有关史料推断，其大约生于前355年，死于前265年。其与孟轲同时而稍后，与公孙龙、鲁仲连是同时代人。因其思想深邃玄奥，辩才卓越，齐人称他为"谈天衍"。

齐宣王时，邹衍就学于稷下学宫，先学儒术，后改攻阴阳五行学说。学儒术也好，攻阴阳也罢，如其他稷下先生一样，邹衍治学的目的是通过著书立说来寻求经世致用之道，充分体现了其匡世济民的积极入世精神。邹衍成名以后，正值魏惠王"数被于军旅，卑礼厚币以招贤者"。为了实践自己的政治学说，实现远大的政治抱负，邹衍便和淳于髡、孟轲等人一起到魏国游学，并受到魏惠王的热烈欢迎。"（邹衍）适梁，惠王郊迎，执宾主之礼。"前319年，魏惠王卒，次年，魏襄王即位。襄王不像他的父亲那样礼贤下士，邹衍便回到自己的故乡。齐宣王此时正重整稷下学宫，"喜文学游说之士，自如驺衍、淳于髡、田骈、接予、慎到、环渊之徒七十六人，皆赐列第，为上大夫，不治而议论"（《史记·田敬仲完世家》）。可见，这时的邹衍在齐国所受待遇优厚，地位很高。

前311年，燕昭王即位，他礼贤下士，用丰厚的聘礼来招纳贤才。在这一背景下，邹衍离齐入燕。燕昭王对他十分尊崇，亲自用衣襟裹住扫帚清洁道路，生怕灰尘落到邹衍身上。此外，燕昭王还为他修筑碣石宫，并拜他为师，执弟子之礼。传说邹衍曾到燕国气候寒冷的寒谷考察，只吹了几首曲子，就理顺了阴阳，使当地气温升高，农作物丰收。燕惠王时，邹衍曾蒙冤入狱，出狱后回到齐国。其后，邹衍作为齐国使者出使赵国，与公孙龙发生过一次学术交锋。晚年，邹衍还曾仕于燕王喜。

据考证，邹衍著述颇丰，有《主运》《终始》《大圣》共十多万字。还有《邹子》49篇，《邹子终始》56篇，共105篇，真可谓洋洋大观。可惜这些著作早已遗失。

邹衍是阴阳五行学说的集大成者。他创立了五德终始理论和大九州学说，不仅风行于当时，也影响了后世。

五德终始理论，是运用阴阳五行学说来解释社会发展规律的一种理论。所谓五德终始，是指金、木、水、火、土五德，按照五胜的原理，与朝代的兴衰更替的机械性附会。邹衍认为，人类社会的历史变化同自然界一样，也受金、木、水、火、土五种元素支配，都是按照五德转移的次序进行循环更替。他将五行都赋予德的属性，即土德、木德、金德、火德、水德，由五行相胜而为五德终始，即木德胜土德，金德胜木德，火德胜金德，水德胜火德，土德又胜水德，如此周而复始。比如，虞为土德，夏为木德，商为金德，周为火德。夏朝代替虞舜，是木德胜土德；商朝代替夏朝，是金德胜木德；周朝代替商朝，是火德胜金德。照此类推，代替火德的必然是水德，水德朝代出现以后，又要被土德代替，社会的变化就是如此循环复始。他的这一理论深合战国时期各国统治者的思想，成为战国七雄展开兼并战争、夺取统一政权的理论工具。

邹衍还有一种重要学说，即大九州说。邹衍以前的学者，把全世界想象成一块大陆，四围是海，海尽处与天相接；认为当时的中国（包括七雄和若干小国）几乎就是这块大陆的全部；这块大陆相传曾经被夏禹划分为九州。而邹衍以为，人们通常所说的"中国"，仅仅是整个世界的八十一分之一。中国名叫"赤县神州"，其中包括九个州，也就是《禹贡》上说的"九州"，即小九州。其外又有八个州，连同赤县神州，称为大九州。大九州之间有小海环绕，之外有大海环绕。因有小海环绕，各州的人都不能互相交往，每个州就好比一个独立的区域。虽然大九州说只是邹衍的推想，这种划分并不科学，但在当时却具有积极意义，因为他的这套理论，人们才从锢闭的"中国即天下"的观念中解放出来，对世界有了一个好奇而全新的认识。因此，邹衍的这一理论对于启迪人们对世界的认识还是大有裨益的。

邹衍的阴阳五行、五德终始学说，对中国古代政治、思想文化的影响巨大。一是为秦始皇统一六国提供了理论根据。传说秦文公出猎，曾捕获过黑龙，这正是水德兴盛的征兆。按照五德终始的理论，水德胜火德，秦必代周。二是成为封建统治阶级构建理论体系的逻辑骨架。比如《吕氏春秋》全书的逻辑结构，就是按照阴阳五行的顺序编排的。邹衍的阴阳五行学说还被战国秦汉时期的燕、齐方士们所利用，成为方仙道的基本理论之一，为汉代道教的产生奠定了基础。三是邹衍的理论学说，是根据已知事实推论出来的，往往"以小推大，以近推远"。这种充满实证精神、富含逻辑思维的认识方法，在当时也具有一定的进步意义。

四、徐福

徐福，字君房，又作徐市，黄县（今山东省龙口市）人，秦代著名方士、道家名人，曾担任秦始皇的御医。他博学多才，通晓医学、天文、航海等知识，且同情百姓，乐于助人，因而在沿海一带民众中颇有名望。徐福之所以能够深入民心，其故事广为流传，在很大程度上与"徐福东渡"的传说有直接关系。

前221年，秦始皇统一六国，建立了秦朝。此时"千古一帝"秦始皇又面临一个新的人生话题——死亡。他追求长生不老，因而笃信方术，迫切寻求长生之法。一些方士便投其所好，借阴阳方术之说蛊惑始皇。徐福就是在这一背景下航行入海的。

关于徐福东渡之事，最早见于司马迁的《史记》。《史记·秦始皇本纪》记载，前219年，为迎合秦始皇长生不老、永做皇帝的梦想，徐福给秦始皇上书，说海中有三座仙山，仙山中有神仙居住，山上有一种长生不老药，并表示愿意前去求取回来献给始皇。始皇龙颜大悦，随后根据徐福的要求，挑选童男童女几千人，随他出海求取仙药。始皇一直在等候徐福佳音，但等来的只是空手而归的徐福。徐福自称已见到海神，但海神以礼物太薄为由，拒绝给予仙药。对此，始皇深信不疑，于是令徐福率"童男童女三千人"和"百工"，携带"五谷子种"，再度出海。始皇一直等候三个月，也不见徐福消息，才怅然而回。

其后几年中，始皇又派燕人卢生等入海寻求仙药，也是一无所获。前210年，始皇东巡至琅邪，徐福推托说出海后碰到巨大的鲛鱼阻碍，无法远航，要求增派射手对付鲛鱼。始皇应允，派遣射手射杀了一头大鱼。后徐福再度率众出海，最后到达了一处"平原广泽"，他感到当地气候温暖、阳光明媚、人民友善，便停下来自立为王，教当地人农耕、捕鱼、捕鲸等方法，并"止王不来"，一去再也不回了。

以上便是"徐福东渡"的传说。千百年来，该传说除了文本记载，还以文字之外的口头传说、祠堂庙宇、墓碑遗址等各种各样有形的、无形的文化遗存方式流传。

至于徐福东渡究竟到了何处，始终是个千古谜团，至今没有定论。一说徐福死于大海之中，一说徐福到了我国东部沿海地区，还有的说徐福到了日本，也有的说徐福到了韩国、朝鲜等地。如今在我国东部沿海地区，朝鲜、韩国、日本等地，都有与徐福有关的地名和遗迹。如在我国大陆东海岸的广大区域，就有河北省盐山县千童镇，山东半岛琅邪台、斋堂岛，青岛崂山徐福岛、登瀛村，荣成成山秦东门遗址，烟台芝罘岛，龙口徐乡城遗址，江苏省赣榆县（今连云港市赣榆区）徐福村遗址，浙江慈溪达蓬山徐福起航地等多处传说和遗迹。尽管徐福东渡日本至今尚未找到可靠的历史文献来证明，但据统计，目前分布于日本的徐福遗迹等有五十多处。不仅如此，在日本有关徐福的传说中，日本人认为徐福带来了童男童女、百工、谷种、农具、药物及生产技术和医术，这对日本的发展起了重要作用，因而尊崇他为"农耕之神""医药之神""文字之神"等。从这些评价中足以看出徐福对于日本社会和文化的影响。

虽然徐福东渡究竟去了何方，至今仍是千古悬案，但毋庸置疑的是，"徐福东渡"的传说不仅体现了中国人民的冒险和开拓精神，寄托了中国人走向海外、勇于探索的梦想，还反映了古今人们对中日友好交流的美好愿望。而徐福的事迹也早已从一个历史事件扩展到文化、经济、政治等领域，成为东亚文化交流史中蔚为壮观的一部分。

第四节　名女

一、杞梁妻

"孟姜女哭长城"是中国民间四大传说之一，可谓家喻户晓，妇孺皆知。这个传说既控诉了惨无人道、摧残家庭幸福的封建暴政，还歌颂了坚贞不渝、感天动地的爱情。人们在认识这个传说的时候，受故事情节比如哭长城等的影响，往往认为这个传说发生在秦始皇时期，地点是秦朝长城一带。其实，这个传说的起始、发展、演化、转型可以说源远流长，这个传说的原型在淄博市临淄区，孟姜女的原型是临淄人，此传说来源于杞梁妻的故事。

孟姜女并不姓孟，古人在起名时，常用"伯（孟）、仲、叔、季"等字，以示长幼有序。据此可知，"孟"为兄弟姐妹中排行老大的意思，"姜"才是其姓。"孟姜女"实际的意思是姜家的大女儿，且她不是单指一个人，而是一类人的通称。先秦时期，"孟姜"一般称齐国国君之长女，亦通指世族妇女。也就是说，当时齐国公室的很多贵族妇女，都可称"孟姜"。

孟姜女的原型为杞梁妻。《左传·襄公二十三年》记载，前550年，好战的齐庄公姜光伐晋大胜，在凯旋时突袭莒（今山东省莒县）。在袭莒的战斗中，齐国将领杞梁英勇战死，为国捐躯。后来齐、莒讲和罢战，齐人载杞梁尸回到临淄。杞梁妻哭迎丈夫的灵柩于郊外的道路，庄公派人前去吊唁。杞梁妻认为自己的丈夫是为国战死的壮士，而庄公派人在郊外吊唁，既缺乏诚意，又仓促草率，是对壮士的不尊重，便回绝了庄公。后来，庄公亲自到杞梁家中吊唁，并把杞梁安葬在齐都郊外。杞梁墓现在临淄区齐都镇郎家村东约600米处。

战国时期，《孟子》等为杞梁妻故事增添了"哭夫"情节。西汉刘向的《说苑·善说》则载杞梁妻哭崩了齐都临淄的城墙，并赴淄水而死。唐人把故事发生的时间移到秦始皇时期，又用移花接木的手法，将地点从齐国临淄城移到了秦长城；内容由杞梁、勇士、战死演化成了杞良、役夫、被打死；杞梁妻也变成了有姓有名的孟仲姿、孟姿。到了明代，明朝政府为了防止瓦剌入侵，大修长城，导致民怨沸腾。百姓为了发泄对封建统治者的不满，又改杞梁妻为"孟姜女"，改杞梁为"万喜梁"（或范喜梁），加了诸如招亲、夫妻恩爱、千里送寒衣等情节，创造出全新的"孟姜女哭长城"传说。

千百年以来，这个故事因为反映了平民百姓的心声，所以传遍大江南北，且经久不衰。

二、田稷母

田稷母，是战国中期齐国相田稷子的母亲。齐宣王执政时期，田稷子被拜为相，他在母亲的教诲下，一直兢兢业业、奉公守法、廉洁清正。《列女传·母仪传》记载，一次，一个下级官吏来拜见田稷子，想托他办点私事，便献给他百镒黄金，说是孝敬老夫人的一点心意。田稷子几番推辞，但碍于情面，最后还是收下了。一天，他将这百镒黄金奉于其母，其母眼望百金，面露怒容，责问田稷子道："士应当注重自身的品德修养，使自己的行为高洁，不苟且贪求。一个品德高尚的士人不应该想不义之事，家中不应该收无理之利。现在国君把治理国家的重任交托给你，你应该一心报国、感谢君恩，而不应该贪求不义之财，做违心之事。只有为政清廉，办事公正，你才能一生通达，没有祸患。而你现在却上欺瞒国君，下有负于百姓，更忘记了平时我对你的教诲，你做臣下不忠，做儿子不孝，实在让我痛心啊！"

在母亲的斥责和劝说下，田稷子将黄金如数退还，并立即入宫向宣王请罪。宣王深为感动，不仅下旨免除了田稷子的罪行，请他继续任相，更以千金赏赐田稷母，诏令大家学习田稷母廉洁清正、教子有方的高尚品德。

以上便是典故"田稷母教子退贿"。这个故事不仅让我们看到了作为相的田稷子严奉母训、知错即改、清廉为政的可贵德行，更折射出田稷母为人清廉正派、深明事理的伟大形象。

三、王孙贾母

王孙贾母，是战国时期齐国义士王孙贾的母亲。王孙贾是齐国的宗室，自小聪明伶俐，15岁就入朝侍奉齐闵王。《战国策·齐策六》记载，前284年，燕将乐毅率五国联军大举伐齐，攻陷临淄。闵王仓皇逃亡，王孙贾在混乱中与闵王失散，只好无奈地回到家中。他在家长吁短叹，面带愁容。其母看出他有心事，便追问究竟。王孙贾见瞒不过，便一五一十地告诉了母亲。其母闻言大惊，面色凛然，非常痛心地对儿子说："你早晨出去晚上回来，我就倚着家门盼望你回来；你晚上出去不回来，我就倚着里巷的门盼望你回来。如今你侍奉君王，君王逃走了，你却不知道他的下落，你还回来干什么？"王孙贾听罢，非常惭愧，连忙离家，四处打听闵王的下落。当他听说闵王被楚国大将淖齿残忍杀害的消息后，决定为闵王复仇。他来到街市上，振臂高呼："淖齿搅乱了齐国，杀死了大王，想要跟我一起去诛杀他的人，请将右臂袒露出来，以明正志！"听以号召，有四百余民众跟随他，王孙贾带领众人英勇作战，最终刺死了淖齿，为闵王报了仇。后来，王孙贾又拥立闵王之子法章为齐襄王，并号召民众一起抵抗五国联军。最后，其与即墨的田单遥相呼应，互相支援，为破燕复齐做出了杰出贡献。

由以上故事可以看出，母亲的谆谆教诲，特别是国难当头时的训导，唤醒了王孙贾的爱国意识，激励着他英勇作战，忠诚报国。该典故不仅让我们看到了一个忠贞不屈的爱国少年形象，也向我们展示了一个深明大义、正气凛然的一代贤母的风采。王孙贾母虽然爱子心切，但在国家危难之际，却能放下个人私情，劝儿子忠君为国，并最终解救国难，这份忠诚与无私感天动地。王孙贾右袒救国的英雄壮举值得后人称颂，而其母深明事理、教子保家卫国的伟大形象更应光耀千秋。

四、缇萦

缇萦，复姓淳于，西汉时齐国临淄（今山东省淄博市临淄区）人，是西汉时期著名医学家淳于意的第五个女儿。

缇萦之父淳于意是继名医扁鹊之后西汉时期的著名医学家。因做过齐地的太仓长，故被人们尊称为"仓公"。当时，赵王、胶西王等都竞相聘请他做侍医，但淳于意一心为民间百姓行医治病，因而婉言谢绝了权贵们的邀请。

《史记·扁鹊仓公列传》记载，前167年，齐王有病，淳于意未去救治，这引起王公贵族们的忌恨，他们纷纷上书朝廷，要求治淳于意的罪。汉文帝被谗言所惑，降罪于淳于意，准备将他押至京城长安接受肉刑。消息传到淳于意家中，五个女儿痛哭流涕，为父送行。淳于意眼望痛苦无奈的女儿们，悲愤地仰天长叹道："生女不生男，急难无可用。"小女儿缇萦听到此话，不顾姐姐们的劝阻，决心即使舍命也要救父脱刑。她身穿男儿装，千里迢迢，风餐露宿，陪伴父亲来到长安。

到长安后，缇萦冒死入宫上书："我父身为官吏，齐地人皆称其廉洁公正，现背罪当刑。我深知人死不能复生，肉刑致残不能复原，即使想改过自新，也失去了机会。我愿入宫为婢，以赎父罪。"缇萦的上书情真意切，悲壮感人。文帝看了缇萦的上书后，顿生怜悯之心，又感其孝诚，于是下诏赦免淳于意，并在当年颁发诏书废除肉刑。这就是"缇萦救父"的典故。

　　缇萦的毅力、勇气及其至孝之心感动和激励了一代又一代人。正如班固赞曰："圣汉孝文帝，恻然感至情。百男何愦愦，不如一缇萦。"缇萦上书救父的故事代代相传，其孝行也成为后世孝道的典范。

| 思考题 |

1. 课后学习"太公钓鱼，愿者上钩"的成语故事，并说说它给你的人生启示。
2. 试比较名相管仲和晏婴个人魅力的异同点。
3. 文中的四位名士，哪一位给你的印象最深刻？请说说理由。
4. 试比较田稷母和王孙贾母教子智慧的异同，并说说你从中受到的启发。

第四章

齐文化概要（上）

第一节　政治文化

　　齐国在其八百年发展历史中，孕育了大批光耀千秋的历史人物，其中不乏政治家、军事家、思想家，有政治开明、善于用人的姜太公、齐桓公、齐威王，有智慧与韬略并存的贤相管仲、晏婴与邹忌，还有辩才卓越、善于讲学传道的淳于髡、荀子、孟子等一大批稷下学士，他们在齐国内政外交、富国强兵、争雄称霸的系列政治变革实践中，广开思路，勇于创新，大胆求变，对我国古代的政治体制、政策法规、治国方略、用人政策等既有继承，又有发展和创新，由此形成了颇具特色的开明政治文化。

一、因时而变的政治革新精神

　　从西周到战国时期，齐国经历了三次大规模的政治变革。第一次发生在开国君主姜太公时期。姜太公封齐建国后，只是建立了一个合法的地方政权，与建立完备的邦国体制从而推动社会发展还有很大的距离。姜太公以一个政治家的敏锐和卓越的政治智慧，以及超人的胆识和魄力，因地因时制宜，从实际出发，确立了"因其俗，简其礼"的治国方略和"尊贤尚功"的用人政策，奠定了齐国政治革新的文化传统。第二次是管仲辅佐齐桓公时期，管仲提出"修旧法，择其善者而业用之"的政治变革方略，创立了"辅宰制""五官制""国鄙二轨制""三选之法"等，为出身平民而有才能的人进入统治集团开放了门路。第三次是齐威王时期，国家整顿吏治、悬赏纳谏，发展稷下学宫，广招人才，齐国终"最强于诸侯"。正是齐国历代明君贤相以他们不惧困阻、勇于革新的因时而变的政治革新精神，为齐国发展不断注入新的活力，才造就了齐国辉煌的发展历程。

扫码学习
相关内容

二、"尊贤尚功"的用人传统

在以血缘关系和等级观念为标志的宗法制度下，世卿世禄、亲亲上恩是最基本的政治制度。姜太公在继承君主制的同时，开创性地推行了"尊贤尚功"的用人机制，这种机制与世卿世禄制度并行而不悖。《汉书·地理志》载："初，太公治齐，修道术，尊贤智，赏有功。"贤智，指有德有才的人。有功，指为国为民出力且卓有成效的人。所谓"尊贤尚功"，就是不分门第、出身，只要德才兼备，就有被尊重和任用的可能。姜太公本人就出身寒微，曾以屠牛为生，种过田，捕过鱼，饱经沧桑，历经坎坷，后来被周文王重用，辅佐周文王、周武王创下兴周伟业。姜太公的一生，本身就是"尊贤尚功"的力证，为身份低微而才能出众的人凭借功劳而出人头地照亮了道路，指引了方向，也为齐国发展奠定了坚实的人才基础。此后，"尊贤尚功"这一用人策略为齐国统治者所继承。齐桓公放弃一箭之仇，以博大的胸怀接纳了曾经的对手管仲，任其为相，并委以重任，此外，他还重用出身底层的宁戚；东夷后代晏婴辅助三代国君，地位显赫；齐威王以人才为宝，布衣邹忌抚琴论政，三月而拜相，赘婿淳于髡隐语阐幽，铁骨铮铮而受上卿之官，孙膑以残躯之身而为齐国大将之军师，笑谈之余指挥千军万马。稷下学宫成立后，更成为天下名士的汇聚地，稷下名士被赐予上大夫，可"不治而议论"，一时间重用人才在齐国蔚然成风。

三、治国之道必先富民的人本思想

先秦时期人本思想的出现，开启了我国文化史上的一个新时代。人本思想的首倡者是管仲，这一思想集中保存在《管子》一书中。《管子·内业》认为，人的生命是天地赋予的，"凡人之生也，天出其精，地出其形，合此以为人。和乃生，不和不生"。既然生命同是上天赐予的，理应都受到尊重，这是管子人本思想的哲学基础。此外，《管子》认为国家的治与乱、兴与亡都取决于民心向背，取决于统治者和国家的政策是否得到民众的拥护和支持，取决于民众是否得到应有的地位和权利，这是人本思想的政治学基础。

　　《管子·牧民》说："政之所兴，在顺民心；政之所废，在逆民心。"如此人本思想振聋发聩，穿越千年而大放光芒。"霸王之所始也，以人为本。"在春秋前中期管仲就能够提出"人本"主张，是非常了不起的。正是在"人本"思想的支配下，管仲在政治实践中提出了利民、富民、惠民和政顺民心的一系列主张和措施。齐文化中的富民思想是"以人为本"思想的鲜明特色和集中体现。"凡治国之道，必先富民。民富则易治也，民贫则难治也。……故是以善为国者，必先富民，然后治之。"治理国家，一定要先使人民富裕，人民富裕了，国家就好治理，人民贫困，国家就容易出乱子。

　　《管子·五辅》指出："得民之道，莫如利之。"也就是说，要想得民心，得到民众的支持，就要利民、惠民。关于惠，管仲主张对老、幼、病、残等行"九惠之教"，并以此为出发点，进一步提出了从民"四欲"、去民"四恶"的主张。他说："民恶忧劳，我佚乐之；民恶贫贱，我富贵之；民恶危坠，我存安之；民恶灭绝，我生育之。……故从其四欲，则远者自来；行其四恶，则近者叛之。"他主张执政者要尽可能地满足人民谋求生存的愿望和要求，多给人民实惠。他认为只有做到爱民、利民、富民、惠民，政顺民心、令合民意，才能达到政通人和、长治久安的政治目的。

　　管仲以后，另一位贤相晏婴也是秉持爱民思想的典型代表，他心怀对百姓的热爱之情，将对百姓的热爱运用到为政管理实践中，经常不失时机地向齐景公进谏，促使齐景公推行轻徭薄赋、减轻刑罚等利民的政令措施。"踊贵屦贱"的故事就是一大力证。晏婴作为相，居住在闹市。齐景公想给他寻一处僻静清幽之地，修建豪华宅院，改善他的居住条件。晏婴拒辞不受，他说，身居高位，承蒙恩德，没有对百姓有所贡献而享受奢华是不合理的，而且居住在闹市生活方便。齐景公因此问晏婴："你家靠近集市，可知物价的贵贱？"晏婴答："既然买东西方便，怎能不知道呢？"齐景公接着问："哪种物品贵？哪种贱？"当时，因齐景公实施残酷的刑罚，受刖刑而被砍脚的人很多，市场上假足畅销，鞋子反而卖不出去。所以，晏婴答"踊贵屦贱"，意思是，假足贵，鞋子贱。踊屦贵贱的行情变化，并非正常现象，它含蓄而又尖锐地谴责了齐景公的残忍行径。齐景公还是明悟了晏婴的讽谏，于是下令减轻刑罚，百姓切实受益。

　　齐景公曾役使大批民工兴建亭台。当时正值秋收时节，民工们却不能回去收庄稼，大家敢怒而不敢言。正当人们内心叫苦不迭之际，齐景公却在为亭台的开工举办大型宴会，晏婴前往陪侍，忧心忡忡。待酒过三巡，晏婴即席起舞。他自舞自唱道："岁已暮矣，而禾不获，忽忽矣若之何？岁已寒矣，而役不罢，惙惙矣如之何？"随之热泪横流。酒酣耳热的齐景公见此情景，也感到不安，遂把兴建亭台的工程停了。

可以说，管仲、晏婴把人本思想应用到国家管理中，使得我国古代管理思想发生了一次深刻革命。

第二节　经济文化

姜太公封齐后，统治区域方圆不足百里，且"少五谷而人民寡"。经过齐国历代国君的不懈努力，齐国成为春秋五霸之首、战国七雄之一，这与齐国大力发展经济是密不可分的。为了发展经济，齐国历代统治者因地制宜，制定了符合齐国经济发展的政策。姜太公提出大农、大工、大商的经济发展方略，在立足农业生产的基础上，制定了优先发展工商业的基本国策。春秋时期，管仲任政于齐，辅佐齐桓公推行改革，实行四民分业定居的政策，保证了农工商各业的稳定持续发展。同时，改革租税制度，并采取多种措施激励工商业发展。战国时期，田氏代齐后，国家比以前更重视农业、工商业和对外贸易的发展。总之，自西周至战国长达八百年的历史过程中，齐国历代统治者高度重视发展经济，为齐国经济文化的繁荣发展提供了良好的社会环境，达到了同时期其他诸侯国无法相比的最高水平，形成了绚丽多彩的齐国经济文化。

一、农业的繁荣发展

"凡治国之道，必先富民。民富则易治也，民贫则难治也。""粟者，王者之本事，人主之大务。有人之途，治国之道也。""不生粟之国亡，粟生而死者霸，粟生而不死者王。粟也者，民之所归也。粟也者，财之所归也。粟也者，地之所归也。粟多，则

85

天下之物尽至矣。"(《管子·治国》)这里是说，治国之道，在于发展生产。粮食乃民之所归，财富出于粮食，粮食多则天下尽至。民众温饱，关乎国家存在。

太公封齐之初，就实行以农业富民的治国之道，"必使遂其六畜，辟其田野，安其所处，丈夫治田有亩数，妇女织纴有尺度"(《六韬·龙韬·农器》)。桓管时代，更是强调发展农业，"民不足，令乃辱，民苦殃，令不行"，就是说，人民生活不富足，政令就无法贯彻执行，只有人民富足安定，国家才能治理好，"民富则安乡重家，安乡重家则敬上畏罪，敬上畏罪则易治也；民贫则危乡轻家，危乡轻家则敢凌上犯禁，凌上犯禁则难治也。故治国常富，而乱国必贫"。"善为国者，必先富民，然后治之"(《管子·治国》)。"善为政者，田畴垦而国邑实……仓廪实而囹圄空"(《管子·五辅》)。这些都说明一个道理：只有农业发展了，百姓富裕了，国家才能治理好。

春秋战国时期，诸侯国的兼并战争此起彼伏，农业为战争提供了必需的物质基础，农业是否发达对于战争的胜败有重大影响。"地之守在城，城之守在兵，兵之守在人，人之守在粟，故地不辟则城不固"(《管子·权修》)。"民事农则田垦，田垦则粟多，粟多则国富，国富者兵强，兵强者战胜，战胜者地广。是以先王知众民、强兵、广地、富国之必生于粟也"(《管子·治国》)。这些理论从国富兵强的角度说明了发展农业的重要性。

齐国历代统治者对农业高度重视，把发展农业提到治理国家的高度，从土地政策、利农政策、惠农政策等多方面强调农业发展，此外，还推行了平抑物价、提倡蓄粮、扶持农桑、鼓励养殖、发展水利等多项重要主张，这些对当时的农业生产发展都起到了积极作用。其中，奖励农耕、奖励农业技术人才的措施，非常有利于当时农业生产技术人才的成长和农业生产技术的提高和发展。

二、发达的手工业

（一）发达的冶炼业

考古发现临淄炼铜遗址有两处。一处在小城南部，另一处在大城东北部。小城南部遗址东西约230米，南北约200米，地层堆积厚达3米左右。大城东北部遗址集中于韩信岭一带，地下遗存有大量铜渣、炉渣和烧土等，就其灰绿的土色和地层质地坚实的特点，可以推知：早在西周时期，临淄城内已开始大规模地炼铜，用以制造兵器和礼器等。

桓管时期，铁器就已经进入百姓生活。《叔夷钟铭文》记载，因叔夷灭莱有功，齐灵公一次性赏给他造铁徒四千人，这说明春秋时期不仅有了冶铁技术，而且冶铁作坊的规模也很大。金岭铁矿四平道考古发现了大约春秋时代开采的老矿洞出纹阔器碎片、铁制开采工具等遗物，在冶里庄发现了捣矿粉用的石臼等采矿、冶铁工具。由此可知，齐国的冶铁技术已经成熟，冶铁业已经比较繁荣。

齐国有悠久的冶炼历史和发达的冶炼铸造业，至春秋战国时期，齐国已经成为列国的冶炼中心之一。

（二）发达的制陶业

齐地早在后李文化时期就发明了原始的制陶技术，中经北辛文化、大汶口文化，到龙山文化时期，其原始制陶技术已发展到当时的最高水平。

春秋战国时期，齐国的制陶技术和制陶业又有了很大的发展和进步。有学者

《中华瓷韵》　中国画　陈辉、汪劲松、陆学东创作

认为,春秋战国时期,齐国在制陶技术方面已领先于其他各国。春秋时期,原始瓷器——青釉瓷出现,其烧制温度在1200℃左右,在制陶史上具有划时代意义。战国时期,齐国陶器种类繁多,制作精致,除了生活器具,还有娱乐型、生产型、建筑型、规范型、殡仪型等陶器,陶器的使用范围不断扩大,生产制造技术不断提高。

（三）发达的丝织业

语言学家研究发现,古希腊人把中国称为"赛里斯",意为"丝绸之国"。希腊文的这个词是从伊斯兰文中移植来的。伊斯兰文中的该词又直接来源于古汉语"丝"的读音。该词的溯源清楚地表明中国是丝绸的发源地。而在中国境内,最早出现的丝织业中心是春秋战国时期的齐都临淄。

齐国丝织业有悠久的历史。先齐时代,齐地桑蚕业即成为当时一个重要的生产部门,植桑、养蚕、织丝技术已经相当发达。姜太公封齐后,因地制宜,随俗而行,"劝其女功,极技巧","女功"就是纺织业。着重发展纺织业是太公建立齐国后的重要措施之一,并收到了良好效果,为齐国经济的繁荣奠定了基础。姜太公之后的齐国历代统治者,都很重视发展桑蚕丝织业,齐国丝织业取得了长足发展,齐国国都临淄成为北方的纺织中心。齐国生产的丝织品,不仅花样繁多,而且精美绝伦。齐桓公"文锦使诸侯",说明齐国的丝织品不仅能供应国内,而且可以输出其他诸侯国。战国时期,齐国的丝织业发达,出产的薄质罗纨齐缟和精美刺绣闻名遐迩,畅销多地。汉代,齐地设立"三服官",专门为皇室制造春夏冬三季的服装。三服官生产出的高级丝织品除了供汉代皇室使用,另一部分则通过长安走上了丝绸之路。有学者认为,西汉通西域,以及后来赠予匈奴的大量高级丝织品,其主要生产地是临淄,"作为代表汉政府进行贸易和赠予的丝织品一定是当时全国最好的,代表国家水平的。而临淄是当时全国最大的丝织业生产中心,产品数量最多,质量最佳,且又受到政府的大力扶持,理所当然代表着西汉丝织品的最高水平。所以,丝绸之路与赠予匈奴的丝织品的主要来源地应在临淄。也就是说临淄成为丝绸之路的主要供货地"[1]。汉代齐地的丝织业在全国领先,精美的丝织品不仅受到皇室青睐,而且部分产品通过丝绸之路销往西域各国。汉代齐地的丝织品还通过海路运往朝鲜和日本,成为异国他乡贵族、官僚

---

[1]　于孔宝:《古代最早的丝织业中心——谈齐国"冠带衣履天下"》,《管子学刊》1992年第2期。

的高级服饰原料。可以说，以临淄为中心的齐地是丝绸之路的源头之一。

从姜太公立国到春秋战国时期，齐国的丝织业取得了长足发展，丝织品种类繁多，生产的名贵珍品名闻天下。司马迁形容齐地丝织业发展盛况时说"冠带衣履天下"，意思是，当时天下人所穿的衣裳、头戴的帽子、脚穿的鞋子等，都有齐国丝织品的影子。

三、繁荣的齐商贸业

随着农业、手工业及商品生产的发展，加上统治者对商业的重视，齐国的商品经济得到飞速发展，主要表现在以下两个方面。

（一）加大基础设施建设和推行优惠政策

为了促进商业贸易的发展，齐国加大了对商业基础设施的投入和建设，并采取了一系列优惠政策，具体说来主要有以下几项。

第一，设立市场。《管子》一书记载颇多。如《管子·乘马》说："聚者有市，无市则民乏。"《管子·揆度》说："百乘之国，中而立市。"《管子·大匡》说："工贾近市。"只有设立固定的市场，商人来往经商才有场所，才能更好地促进商品流通。

第二，以轻税和零关税吸引外商。商人经商目的是获得利润。为了吸引各地商人来齐国经营，《管子》主张关市之税要轻，其税率为2%；不准重复征税，征于关者不再征于市，征于市者亦不再征于关；符合特殊情况的还可以完全免征关市之税，货物出入只加以登记即可放行。此外，对车辆放空及肩挑手提的小商贩不予征税。

第三，建立客舍，提供优质服务。齐国设立专门机构"有司"，负责外商的服务事宜。规定每三十里设置一个驿站，储备食品，供外商歇息食用。并规定带一辆车的小商人可免费在驿站吃饭；带三辆车的中等商人，除了免费吃饭，还外加供应喂马的草料；带五辆车及以上的大商人，不但可以免费吃饭和得到喂马的草料，还给配备五个工作人员，专供服务。

上述商业设施的设置和优惠政策的实行，极大地吸引了各国商人。一时间，到齐国经商的人络绎不绝。

（二）货币的广泛流通和富商大贾的出现

西周初期，姜太公创"九府圜法"。春秋时期，齐国的铸币业有了较大发展。战国时期，随着商业的繁荣，齐国的铸币业更加发达。当时铸行的齐刀币部分保留到今天，成为历史的有力见证。据不完全统计，山东地区历年出土的齐国刀币计有9029枚，其中齐明刀948枚，其余刀币8081枚。所出土的刀币中，春秋时期的占10.5%，而战国时期的占89.5%，再加上战国晚期铸行的益化圆钱，数量要比春秋时多得多。这足以说明战国时期齐国商品经济已高度繁荣。随着货币经济的迅速发展，具有今天支票性质的票据"马"已经在齐国的外贸流通中出现了。战国时期，随着商品交换的日益频繁，齐国的商人阶层空前活跃，其中一部分商人便发展为富商大贾。

四、繁华的临淄城

临淄，作为齐国政治、经济、文化的中心，以及齐国的国都，经过西周、春秋数百年的扩建和发展，到了战国时期，已成为当时的繁华大都市了。对此，《战国策·齐策一》说："临淄之中七万户……下户三男子，三七二十一万……临淄甚富而实，其民无不吹竽、鼓瑟、击筑、弹琴、斗鸡、走犬、六博、蹋鞠者；临淄之途，车毂击，人肩摩，连衽成帷，举袂成幕，挥汗成雨；家敦而富，志高而扬。"《汉书·地理志》亦说："临淄，海、岱之间一都会也。其中具五民。"杨宽先生在谈到临淄繁华景象时说："在各国的国都中，以齐国临淄（今山东临淄北）规模为最大，也最繁华。"又说："临淄城中最热闹的街道叫做庄，是一条直贯外城南北的'六轨之道'。这条街道附近最热闹的市区叫做岳，在北门以内，是市肆和工商业者聚集之所。所谓'庄岳之间'，是战国时代齐国人口最密集而最繁华的地方。直到西汉初年，岳还很繁华，称为岳市。"由此，杨宽先生情不自禁地赞叹道："这是多么热闹的一个商业城市呵！"

临淄的繁华亦为考古材料所证实。通过勘探、试掘，已查明齐都临淄包括大城和小城两个部分。大城南北9里余，东西7里余。小城嵌在大城的西南角，南北4里余，东西近3里。小城墙基宽一般在20米至30米，最宽处达67米。大城墙基均在20米以上，最宽处达43米。《齐记》记载临淄有13座城门，现已探明11座城门遗址。其中小城城门5处，大城城门6处。门道最宽者达20.5米，最窄者也有8.2米。城内道路纵横，多与城门相通。现已探明主要交通干道有10条，小城内3条，大城内7条。齐国故城有完整的排水系统，现已探明3条排水道和4个设计合理的排水口。故城内还发现6处冶铁遗址，2处冶铜遗址，2处铸币遗址，4处制骨器遗址。另外，故城地面上尚存众多宫殿建筑台基遗址。凡此，无不诉说着齐国的历史，映现着临淄曾经的辉煌。

繁华的齐都临淄，既是齐国经济高度发展的产物，又是齐国商贸繁荣的表现。

齐国历代执政者惠工重商的经济思想和执政措施，使齐国的工商业得到了迅速发展，并达到了很高水平，且推动了齐国经济的繁荣和社会的进步，为齐国变得富强和昌盛，进而称霸于诸侯各国奠定了雄厚的物质基础。

第三节　军事文化

齐兵学自姜太公于西周初叶奠其基，经春秋前中期管仲的发展，已实力雄厚。延至春秋晚期至战国时期，齐国又出现了三个天才军事家，即田穰苴、孙武和孙膑。他们不仅把齐兵学推向了令同时代其他诸侯国难以企及的高峰，也把齐文化的发展推向一个新阶段。先秦齐国是名副其实的中国古代兵学的摇篮。齐兵学的思想主要集中在《六韬》《管子》《司马法》《孙子兵法》《孙膑兵法》中。

一、《六韬》的兵学思想

《六韬》旧题姜太公著，以太公与周文王、武王问答的形式写成。全书包括《文韬》《武韬》《龙韬》《虎韬》《豹韬》《犬韬》六个部分，故名《六韬》。

姜太公是殷末周初最著名的兵学家。在兵学理论上，他长于军事谋略和"兵权奇计"。《史记·齐太公世家》说："后世之言兵及周之阴权皆宗太公为本谋。"姜太公不仅总结了很多兵学理论，而且有丰富的军事实战经验。在灭殷的军事行动中，他指挥了牧野之战；在封齐建国后，他打退了莱夷的武力进攻。他的军事思想集中保存在《六韬》中。姜太公正是以其杰出的军事建树，被后世推为兵家鼻祖。从《六韬》中，我们可以看到"兵权与奇计"的主要内容有以下几点。

第一，注重韬略，不战而胜。姜太公认为用兵之道在于吊民伐罪，用兵之略在于不战而胜。

第二，长于用间，审知敌情。太公认为两军交战须先审知敌情，要"知其心""知其意""知其情"，尤其要知天、地、人的种种情况，在此基础上进行决策，方可取胜，而审知敌情的主要方式是用间探敌。

第三，抓住战机，智勇者胜。太公认为，战争是交战双方的智慧、勇力之争。两军相抗，智勇者胜，而战机又是决定胜负的主要条件之一。

第四，施行诡诈，以奇制胜。太公认为，用兵之法，三军之众，必有奇正、分合之变，要想制敌而不制于敌，就要施奇谋，以奇取胜，比如制造假象、声东击西，做好准备、疾行突战，妄张诈诱、荧惑敌将，施行诡诈、瓦解敌军，等等。

总之，姜太公用他卓越的军事智慧为齐兵学奠定了深厚基础。

二、《管子》的兵学思想

《管子》旧题管仲撰，集中反映了管仲的思想。《管子》不仅包含丰富而精辟的国家管理和经济管理思想，而且有深刻的兵学思想。《管子》中的《七法》《幼官》《兵法》《地图》《参患》《制分》《势》《九变》等，都是军事名篇。其兵学思想主要包括战争观、战略论和战术论等内容。

春秋战国时期，连绵不断的战争像层层乌云般笼罩着诸侯列国。战争既造就了虎视天下的五霸七雄，也吞没了被铁蹄践踏的小邦弱国。从某个角度讲，战争可以改变一切。因此《管子》认为，战争具有巨大的作用，是不可避免的，也没有必要去避免。《管子》在认识到战争作用的同时，还深刻地认识到战争自身的巨大消耗和给社会带来的不可估量的破坏作用。《管子》认为战争是危机而不是福音，并由此提出了慎战的主张。

《管子》认为，战争有正义与不义之分，正义的战争必胜，不义的战争必败。因此，《管子》主张进行正义的战争但反对不义之战。那么何谓义战呢？《管子·幼官》认为："至善之为兵也，非地是求也，罚人是君。立义而加之以胜，至威而实之以德。守之而后修，胜心焚海内。民之所利，立之；所害，除之，则民人从。""成功立事，必顺以理义。故不理

《管子》文献照片

不胜天下，不义不胜人。"（《管子·七法》）这种战争观恰恰是桓管争霸战争实践在《管子》思想中的反映。

《管子》认为，军事是政治的延伸，政治、经济竞争是军事斗争的第二战场。因此，其认为军事应决胜于战场之外和不战而屈人之兵。《管子》提出：用兵的方法，一在于积聚财富，而要使财富无敌；二在于考究军事工艺，而要使工艺无敌；三在于制造兵器，而要使兵器无敌；四在于选择战士，而要使战士无敌；五在于管理教育，而要使管教工作无敌；六在于军事训练，而要使训练工作无敌；七在于调查各国情况，而要使调查工作无敌；八在于明察战机和策略，而要使明察战机和策略无敌。这就是说，在军队还没有调出国境时，就已经保证这八个方面无可匹敌了。这是最为人称道的全胜思想。

三、《司马法》的兵学思想

《司马法》的兵学思想主要表现在以下几个方面。

其一，战争观。《司马法》认为战争起因于政治。当普通的政治手段解决不了问题时，就要靠战争这种特殊的手段来解决，因而战争是无法避免的，这是不以人的意志为转移的事情。《司马法》认为战争有正义和非正义之分。正义之战是完全必要的。基于以上两点认识，《司马法》进一步提出了好战必亡、忘战必危的辩证观点。

其二，战略论。《司马法》认为，战争的胜负，从某种意义上说不是取决于战场

之上，而是取决于战场之外，取决于民心和军心的向背，即得民心、军心者胜，失民心、军心者败。因此，用兵的重要原则之一就是因民心而动、悦军心而战。《司马法》认为，交战双方的实力较量，归根结底是交战国综合实力的较量，民富国强者方能战而胜之，因而要想取得战争的胜利，必须富国强兵。

其三，战术论。《司马法》的战术思想非常丰富。《司马法》认为，从战术上讲，战争是敌对双方如何调配、使用兵力的较量，在用兵方面，要根据具体情况合理地使用兵力。对于战争指挥者，《司马法》提出了"智""勇""巧"相结合的要求。《司马法》主张随机应变，因敌制胜，还强调示形动敌，观察敌情，掌握全局，从容应对。这些战术思想无不闪烁着智慧的光芒。

其四，军事教育思想。《司马法》十分重视军事教育，认为"士不先教，不可用也"。在教育内容上，首倡以"六德"（礼、仁、信、义、勇、智）教育为核心，以提高军队的整体素质。同时应该做到德才兼备，智勇双全，在危难之时，将帅必须"无忘其众"，要与士兵荣辱与共。

其五，军队、军事管理思想。《司马法》的军队、军事管理思想非常丰富，大体上可包括军赋、军制、出师等内容。

其六，仁战思想。《司马法》最具特色的军事思想是仁战思想，主张军队应做威武之师、文明之师。《司马法》之仁战思想是对春秋以前战争思想的反映，由此可见此书历史之古老。

四、《孙子兵法》的兵学思想

孙武是一位伟大的军事创新者，《孙子兵法》亦是一部创新之作。我们先将《孙子兵法》与《司马法》做一比较。《司马法》最具特色的是其仁义之战思想。《司马法》的仁义之战思想是商周时期的产物。春秋中期以后，传统的仁义之战逐渐为新的战争观念和战争指挥艺术所替代。正是在这种形势下，孙武与时俱进，及时总结和吸取了春秋时期战争带给人们的经验教训，适应战争的变化与需要，突破旧的仁义之兵的战争观念，大胆地提出了战争"诡道"的见解。如同管仲的创新政治思想开启了春秋霸政的新时代一样，《孙子兵法》的创新军事思想也开启了"兵不厌诈"的军事斗争新时代。

大凡战争，都需要考虑天时、地利、人和、战机等多种因素，一切都要根据具体情况做出切合实际的判断和调整，因时而变，因地而化，因事而革，因人而异，绝不能因循守旧、墨守成规。用兵之道在于通权达变，灵活处之。作为中国古代最优秀的军事家，孙武正是通权达变的典范。《孙子兵法》从带有普遍性和规律性的自然和社会变化现象出发，以水形喻兵形的方式道出了兵无常势、以变取胜的真谛。由此可知，孙武不仅通晓变化之规律，而且娴熟地掌握了变化之技巧，堪称一位创造性掌握战争变化的艺术大师。

孙武继承并发扬了姜太公、管仲的谋略思想，尤其在军事谋略方面，可谓登峰造极。孙武的军事谋略主要包括全胜谋略和战胜谋略，而以全胜谋略为最高境界和第一追求。《孙子兵法·谋攻篇》曰："故善用兵者，屈人之兵而非战也，拔人之城而非攻也，毁人之国而非久也，必以全争于天下，故兵不顿而利可全，此谋攻之法也。""夫用兵之法，全国为上，破国次之；全军为上，破军次之；全旅为上，破旅次之；全卒为上，破卒次之；全伍为上，破伍次之。是故百战百胜，非善之善者也；不战而屈人之兵，善之善者也。"怎样才能达到不战而屈人之兵的全胜目的呢？《孙子兵法》认为，首先是伐谋，其次是伐交。《谋攻篇》曰："故上兵伐谋，其次伐交，其次伐兵，其下攻城。"正因为看到谋略在全胜中的决定性作用，所以《孙子兵法》将以庙算为主要内容的《计篇》列在首位。《计篇》曰："夫未战而庙算胜者，得算多也；未战而庙算不胜者，得算少也。多算胜，少算不胜，而况于无算乎？"《孙子兵法》认为不能实现全胜时，就要采用战胜谋略。战胜谋略内容异常丰富，比如先知、用奸、示假于敌、避实击虚、以众击寡、先发制人、以盈击竭、以逸待劳、奇正相生、动静徐疾、出奇制胜、因敌制胜、死地则战等，计策权谋，层出不穷，变化多端，不胜枚举。孙武可谓运用谋略的超级大师，而《孙子兵法》乃谋略之宝库。

五、《孙膑兵法》的兵学思想

《孙膑兵法》的军事思想非常丰富深刻，主要包括以下几个方面。

第一，战争观。《孙膑兵法》认为战争有正义与非正义之分，正义的战争即便人少亦可兵强，非正义的战争必败。《孙膑兵法》认为战争是不可避免的，只有通过战争才能解决争端，也才能自立自强。然而，《孙膑兵法》又辩证地提出慎战主张，认为战争并不是万能的灵丹妙药，而且战争的胜败直接关系到国家的存亡，因而用兵不能不慎。

第二，战略论。《孙膑兵法》认为要想取得战争的胜利，必须掌握战争的规律，即懂得战争之"道"。《孙膑兵法·月战》认为："天时、地利、人和，三者不得，虽胜有央。"在《孙膑兵法》的战略论中，除了"道"，就莫过于重"势"了。《孙膑兵法》在战略上还特别强调"必攻不守"的原则，即主动进攻，有效地打击和消灭敌人，从而掌握战争的主动权。

第三，战术论。《孙膑兵法》一书中，谈论各种战术运用的内容占了大量篇幅，涉及的范围也很广泛，主要有城市攻守战术、布阵破阵战术、诱敌歼敌战术等。

另外，对于治军问题、军备问题、将帅素质问题、将帅与君主关系问题等，《孙膑兵法》都有深刻论述。总之，《孙膑兵法》的兵学理论，一方面继承和发展了前人的成果，另一方面又反映了战国时期的时代特点，它是齐兵学史上又一颗璀璨的明珠。

| 思考题 |

1. 齐国政治文化的主要表现是什么？

2. 齐国的农业为何能得到繁荣发展？

3. 齐兵学在中国兵学史上的地位如何？

第五章

齐文化概要（下）

扫码学习
相关内容

第一节　科学技术

科技是人类文化宝库中的一块瑰宝。千百年来，勤劳而智慧的齐人，在海岱之间这块神异的大地上培育出来的科技之花，堪称齐文化园地里的一朵奇葩。

一、中国第一部手工技术与工艺典籍——《考工记》

《考工记》是先秦古籍中的一部重要的科技著作，是中国第一部手工技术与工艺典籍。据考证，《考工记》是春秋前中期齐国的一部官书，其所记载的技术代表了当时科学技术发展的最高水平。

《考工记》重点记载了百工之事和各种器物的制造、尺寸大小、质量检查、生产管理和专业分工等内容，包括手工业技术、手工业工艺流程、检测手段和质量标准等。

《考工记》最大的价值不在于其详细地对手工业生产过程中的具体分工、技术、质量等做了规定，对工艺流程做了全面系统的记载，而在于其进一步概括地提出了制造精工产品的四大要素，从而形成了一整套有关手工业生产的理论体系。得益于这一科学理论体系，齐国才有了"工盖天下""器盖天下"的美誉。所谓四大要素或者四大原则，第一是天时，叫天有时；第二是地利，叫地有气；第三是美好的材料，叫材有美；第四是精湛的工艺技术，叫工有巧。据考证，除《考工记》之外，至今仍没有一部手工艺方面的专著能提出这样的原则。讲到大国工匠精神的时候，人们往往把目光投向鲁文化，投向鲁班和墨子，鲁班是手工业的鼻祖，墨子的《墨经》是一部科学著作，殊不知，尽管齐文化里没有鲁班、没有墨子，但大国精神最好的体现就在齐文化里。《考工记》还提出一个"国工"概念，此处可理解为国家级的工匠，即大国工匠。

《中华营造法式》 版画 戚序、肖力、龙红、张兴国、贾国涛创作

《考工记》不仅全面系统地记载了齐国发达的手工业生产技术和工艺流程，而且还涉及丰富的自然科学原理，比如物理学方面的力学知识、声学知识，数学方面的长度单位、分数、倍数、角度、弧度、割圆、容积计算等知识。

《考工记》是齐国手工业生产实践的经验总结，是齐国手工业生产发展到一定阶段的产物。它不仅代表了当时齐国手工业的发展水平，而且也反映了当时的科技水平，是我们认识和研究中国古代手工业生产技术和工艺流程不可多得的资料，也是研究我国古代科技的一部重要典籍。

二、《管子》的科技思想

《管子》认为经邦治国的根本在于富国强兵，而富国强兵离不开科学技术的支撑。《管子》一书包含丰富的科技知识，主要有以下内容：

（一）农学思想

《管子》中的农学思想主要包括土壤学，地宜学，天时、地利、人力观和水利学等。首先看土壤学。《管子》很注重对土壤的分辨，认为土壤是一切农作物赖以生存的最根本的环境和条件。《管子·山国轨》根据土壤植被、产物、自然之势把土壤分为四大类，《管子·地员》对土壤的划分则更加细密系统。该篇按照土壤的颜色、质地、肥力、性状，水文、水质以及土壤所处的地形等，把"九州之土"分作上、中、下三等18类90种土壤。这种细密的分类反映了《管子》对土壤有全面而深刻的认识。

其次看地宜学。"因地制宜"或曰"地宜学"，是我国古代农业生产的重要指导思想之一。《管子》中的因地制宜思想是建立在土壤学基础上的产物。《管子·地员》在对土壤进行分类的同时，也对不同土壤适宜种植的农作物、经济作物以及适宜生长的草木等进行了分析，同时还对在适宜土壤上所生长的作物的状况进行了描述。正是在这种前提下，《管子》的很多篇章都从治国的角度提出了一系列关于地宜学的看法，比如《管子·立政》说："桑麻不殖于野，五谷不宜其地，国之贫也。"

再次看天时、地利、人力观。《管子》认为，农时对于农业生产至关重要，机不可失，时不再来，因而主张"不违天时"。此外，《管子》也很重视地利。例如，《管子·牧民》说："不务天时则财不生，不务地利则仓廪不盈。"

天时也好，地利也好，最终要落脚到人，因为人是最主要的生产力。而《管子》尤其重视人力资源。那么，怎样才能有效地发挥人的作用呢？从提高生产者的素质来说，即要通过科学技术的手段，使生产者成为耕作能手，"群萃而州处，审其四时权节，具备其械器，用，比耒耜谷芨"（《管子·小匡》）。

最后看水利学。《管子》非常重视水在农业生产中的作用，提出了以水造福百姓的水利观，并主张政府设置水官，专门负责兴修水利。当时的水利工程已有渡槽、水库等蓄水、灌溉设施了。

（二）植物学思想

在对农学进行全面深入研究的同时，《管子》对与农学密切相关的植物学也进行了探讨，积累了大量关于植物分类、特性、规律等方面的知识。《管子》认为，植物的生长与土壤的性质有关，不同质地的土壤适宜生长不同的植物；植物的分布与地势的高下有关，《管子·地员》还具体描述了12种植物在一个小地段上按地势高低不同的分布序列。

（三）数学思想

《管子》认为，"计数"是治国治军的基本原则之一。此之"数"也包含当代数学的内容。《管子》一书记载的数学知识主要有以下几个方面：

其一，记述了九条"九九"乘法口诀；其二，记载了分数的广泛应用；其三，论及比例问题。此外，《管子》还论及各种数学运算，如《管子·地员》中有10至20乘以7的运算，及分数运算、乘方等。

（四）生态环境保护学思想

生态环境是人类生存和发展的基础。环境如果遭到破坏，人类就会面临巨大的灾难。可以说，生态环境保护是人类自古至今都要面对的重要课题。先秦时期的齐国尽管拥有较今天更加优美与和谐的自然生态环境，然而，《管子》并没有盲目乐观，而是及时提出了"取之有时""用之有度"的节约自然资源和保护环境的思想。为了保护生态环境，《管子》还制定了一系列的政策和措施。这些政策、措施与主张共同构成了《管子》思想中朴素的生态环境保护学说。

此外，《管子》中还有诸如医药学、地理学等方面的内容，其中的许多思想观点对今人依然有重要的启发意义。

三、扁鹊的医学成就

扁鹊（秦越人）是战国时期齐派医学的创始人和杰出代表，也是中国传统医学的主要奠基者之一。扁鹊对中医学的贡献有以下几个方面：

其一，医巫分离、科学行医。扁鹊对中医学的第一个重要贡献就是传授生徒，开创医学教育，把医学从王官和巫史的垄断下解放出来。三代以前巫医不分，扁鹊明确提出"信巫不信医，信医不信巫"，充分显示了他反对巫术、科学行医的态度。可以说，在中医学发展史上，扁鹊是给鬼神治病论和巫术以沉重打击，把医学从巫术中解放出来，使之成为一个专门学科的第一人。

其二，望闻问切、辩证施治。扁鹊对中医学的另一重要贡献，是在中医理论和诊治方法上创建了一套完整的体系，成为中国医学史上进行辩证施治和推行综合治疗法的创始者。扁鹊医术高超，他给人诊病时，非常注意"切脉、望色、听声、写形"，而后"言病之所在"，这就是至今中医临床仍在沿用的望、闻、问、切四诊法。扁鹊的"四诊法"奠定了中医学切脉诊断方法的基础，开启了中医学的先河。

其三，行医列国、随俗为变。扁鹊周游列国，到各地行医，足迹遍及齐、赵、虢、周、郑、秦等国。在赵国都城邯郸，他发现"贵妇人"，便做"带下医"（妇科），在秦都咸阳，见"秦人爱小儿"，而为"小儿医"（儿科），行医洛阳时，发现"周人爱老人"，而为"耳目痹"（五官科）。

扁鹊致力于医学的传播，他传授生徒，注重医学教育，使齐派医学在较大的地域内得到了弘扬与发展。中国医学从王官走向民间，扁鹊成为中国民间医学的开创者和实践者。扁鹊是齐派医学的开山鼻祖，被后世医家称颂为"医学宗师"和中国医学的奠基人。

四、甘德的天文学成就

早在大汶口文化时期，山东半岛上的东夷人便发明了山头纪历法。

春秋战国时期，齐人用三十节气注历，虽与二十四节气有所不同，但一年内分季、分月、分节气的概念是很清楚的。随着人们对自然界观察、认识的逐步深入与提高，日月星辰的运行规律也逐渐被更多的人所认识和掌握，并产生了观测、记录星宿的专门职官。

甘德是战国时期著名的天文学家，著有《天文星占》（8卷）。当时，魏国有一位与甘德齐名的天文学家石申，著有天文学著作《天文》（8卷），后人将二书合编在一起，就是著名的《甘石星经》。原著早已失传，我们今天从《史记》《汉书》《开元占经》等古代典籍中还能了解其大概。

《甘石星经》精确记录了120颗恒星的赤道坐标。甘德测定118座，计511颗；石申测定138座，计810颗。甘德、石申精确记录的黄道附近恒星的位置及其与北极的距离，代表了当时最高的天文学水平。他们测定的恒星的记录，被称为"世界上最早的恒星表"。

甘德、石申把古代对金、木、水、火、土五大行星的认识向前推进了一大步。行星在天空星座的背景上自西往东走，叫顺行；反之，叫逆行。在甘德、石申之前，还没有关于行星逆行的记载，甘、石二人的记载可谓首次。因为行星顺行的时间多，逆行的时间少，如果不是对此做了长期、系统的观测，是很难发现逆行现象的。甘德、石申把行星逆行的弧线描述成"巳"字形，经科学观测，甘、石二人的记录是颇为精确的。甘德、石申还测定了金星和木星的会合周期长度，并定火星的恒星周期为1.9年（应为1.88年），木星为12年（应为11.86年），这一记录深化了人们对五大行星的认识。

甘德以其丰富的天文学知识和严肃的科学态度，对日月星辰的运行做了细心的观察和精确的记录，这对于人们正确认识天体运行规律，正确解释自然现象，都具有重要的现实意义和深远的历史意义。甘德以其卓越的天文学成就，在古代天文学史上谱写了辉煌的一页。他的科学态度和科技贡献，是中华文明的重要组成部分，为人类文明的发展做出了不可磨灭的历史功绩，其光辉业绩将永载史册。

扫码学习
相关内容

第二节　文学艺术

一、文学

齐地先民在日常劳动中体验着快乐和艰辛，他们用最原始的手段将这种感情表达出来。于是，就产生了原始文学作品。人类社会进入文明时代以后，齐地文学在相当长的一段时间内缺乏历史记载，直到春秋战国时期，它才以丰富的资料和记载显现出不同寻常的实绩。首先是诗歌的创作，齐地的诗歌创作继承先代遗风，产生了十分丰富的作品。虽然收录在《诗经·国风·齐风》中的只有11首，但实际存在的作品数量肯定比这些多，这些诗歌反映了齐地的民风、民意，从不同侧面反映了当时的社会状况。齐地散文成就卓著，不论是记叙性散文还是论说性散文，在我国先秦散文中都占有重要地位。

（一）《诗经》中的《齐风》

《风》是指《诗经》中的《国风》，《毛诗序》认为，"风"有"风化""讽刺"之意，是指在上者对下进行教化，在下者对上进行谏诫、讥刺的作品；朱熹认为《风》

是"民俗歌谣之诗"。《诗经·齐风》共收集了西周到春秋中叶的齐地民歌11首,这些民歌不仅是先秦文学的一颗璀璨明珠,而且是记录先秦齐地民俗的活化石。

1. 《齐风》的思想内容

《齐风》包括《鸡鸣》《还》《著》《东方之日》《东方未明》《南山》《甫田》《卢令》《敝笱》《载驱》《猗嗟》11篇,这些诗歌主题鲜明,根据题材内容,可分为讽刺诗、婚恋诗和田猎诗三类:

其一,讽刺诗。这些作品的讽刺对象从统治阶层到平民都有涉及,如《南山》《敝笱》《载驱》《猗嗟》《东方未明》。

讽刺的矛头首先指向齐襄公和文姜。他俩是兄妹关系,却通奸乱伦,令人不齿。诗人把齐襄公比成"绥绥"求雌的邪媚之兽狐狸,把文姜比成不受"敝笱"约束而自由外出的大鱼,既形象又恰切。两人的淫乱行为不仅性质恶劣,而且肆无忌惮。"曷又怀止""曷又从止"是说,文姜已经归鲁,齐襄公却对她念念不忘,追逐不舍。而文姜则表现得更加突出,她回齐国与襄公欢会,车马随从之众,竟然"如云""如雨""如水";她寻求欢乐,不仅不受时间限制,而且不受国界限制。可以自由地过汶水去"翱翔""游敖"。

讽刺的矛头还指向鲁桓公和鲁庄公。娶妻"必告父母",娶妻"匪媒不得"是说,鲁桓公娶文姜,既告父母之庙,又行亲迎之礼,合于封建礼仪。文姜是名正言顺的鲁君夫人。对自己的夫人,鲁桓公应当使她母仪全国,不当姑且忍让,纵其淫欲,以成其奸。"曷又鞠止?""曷又极止?""鞠"和"极"都训"穷"。诗人的责问,正是针对鲁桓公纵容文姜而提出的。鲁庄公是文姜的儿子,从《猗嗟》看,他生得少年俊俏,仪表出众,射技精良。程俊英在《诗经译注》中认为,《猗嗟》是讽刺鲁庄公空有仪表技艺,而不能为父报仇,不能制止母亲与齐襄公私通。

《东方未明》写的是齐国当政者颁布政令无常,不分"辰夜","不夙则莫"地瞎指挥,下级官员被逼得"东方未明"而"颠倒衣裳","东方未晞"而"颠倒裳衣",他们急速忙乱,难以应付。从中我们可以看出齐国统治集团政出多门、号令无常、朝令夕改的混乱局面。

其二,婚恋诗。《齐风》中的《鸡鸣》《东方之日》《甫田》《著》4篇通常被认为是反映齐人恋爱婚姻生活的诗歌。

《鸡鸣》描写了一个齐国国君（或高级官员）贪恋温柔乡，迟迟不肯起床去朝见群臣（或朝拜国君）的场景。妻子第一次催他，说"鸡既鸣矣"，他推说"苍蝇之声"；第二次催他，说"东方明矣"，他推说"月出之光"；第三次向他提出忠告，说"会且归矣"，此中已有嗔意。最终他是否起床，诗人没有交代，而是留给读者一定的想象空间，这个人很可能一直躺在安乐窝里未动。此诗以夫妇间的对话展开，内容质朴显露，构思新颖。

《东方之日》是一篇真正的爱情诗，写一个美丽的少女与情人幽会，怕人发觉，便放轻脚步随着男子出入其室，二人情意缠绵，难舍难分。诗人或清晨面对初升的旭日，或晚间仰望刚起的新月，似乎都有一种异样的感觉：那艳丽而热烈的朝阳，皎洁而恬静的月光，多么像他那位艳美而温柔的情人啊！少女对男子的追求是那样大胆热烈，且充满柔情蜜意。此诗格调粗犷而不轻薄，俏皮而不油滑，体现了古代情歌质朴的本色。

《著》三章九句，皆是通过新娘所见来写，新进门的妻子在憧憬与期待中慌乱而羞涩地抬起美丽的双眸，却只看见丈夫的一个背影。九句诗中全无主语，却恰切而传神地表现了新娘的心理活动。当迎亲车辆送她到婆家大门时，那热闹的场面是可想而知的，然而新娘对这稠密涌动的人群似乎漠不关心，映进她眼帘的唯有恭候在屏风前的夫婿。实际上，她只是低头用眼瞟了一下，并没看清他的脸庞，见到的只是他帽檐垂下的彩色的"充耳"和发光的玉瑱。全诗每章只在三处换了三个字，就表现出女子出嫁时的喜悦和对新郎的满意与赞许。

《甫田》这首诗前两章是写实，因丈夫去了远方，家中没有劳动力，耕作粗放，本来长着绿油油庄稼的田地，如今长满了深深的野草，见不到一棵小苗。诗人面对如此荒芜的田地，忧心忡忡，感慨万千，不觉脱口说出"无田甫田，维莠骄骄（桀桀）"。目有所见，心有所感，自伤自怜，自怨自艾，引出一腔怨气，不禁讲出了气话："无思远人，劳心忉忉（怛怛）！"这不过是反语、伤心语，说"无思"，恰是有刻骨的相思。第三章由实转虚，诗人似乎觉得丈夫突然归来，这既是对丈夫早日平安归来的渴望，又是对孩子成长的期盼，此诗的含蓄美尽在这一虚境之中。

其三，田猎诗。《诗经》中专门描写狩猎的诗仅有七篇，《齐风》以《还》和《卢令》独占两篇。

高亨《诗经今注》认为,《还》是一首诗叙写两个猎人相遇于山间,共同逐兽,互相赞扬的田猎诗。作品写一对猎人在猛山打猎,他俩经常相遇:或在"猛之间",或在"猛之道",或在"猛之阳"。两人通力协作,共逐野兽;或"驱从两肩",或"驱从两牡",或"驱从两狼"。两人互相称赞:我夸你敏捷矫健(还)、英俊壮美(茂)、气力充沛(昌),你夸我轻捷灵便、青春美貌、技艺高超。他们经常相遇,则以田猎为业;通力协作,则以驰逐为乐;相互称赞,则以射猎为荣。

傅斯年在《诗经讲义稿》中解读《卢令》是"称美猎者"。此诗赞美猎人勇武多才,全诗各句,上写犬,下写人。写犬,重在铃声、套环,状猎犬之迅捷、灵便、矫疾;写人,各用一"美"字,突显其英俊。用仁、鬈、偲三个字,赞美了猎人的内秀、勇壮和威仪。以犬衬人,以人带犬,声情并茂,表达出齐人的尚武风习,以及对英雄猎手的尊崇。

2.《齐风》的艺术成就

《齐风》的艺术成就表现在以下四个方面。

其一,手法灵活多样。《齐风》以赋为主,兼用比兴,诗意丰富而含蓄,语言生动而形象。通篇使用赋的,有《鸡鸣》《还》《著》《卢令》《载驱》《猗嗟》;兼用比兴的,有《东方之日》《东方未明》《南山》《甫田》《敝笱》。《齐风》中赋的运用方式多种多样。有的用来叙述,如《还》,先叙述猎人相遇,接着叙述两人并力追逐野兽,再叙述对方的揖让赞美。有的用来描写,如《卢令》,先写猎犬,重点写犬颈下所系的铃铛,再写猎人,重点写他的面貌须发。有的用来对话,如《鸡鸣》,写丈夫与妻子的对话,前两章有劝有答,末一章有劝无答。有的用来议论,如《南山》,前两章责问齐襄公:"既曰归止,曷又怀止?""既曰庸止,曷又从止?"后两章责问鲁桓公:"既曰告止,曷又鞠止?""既曰得止,曷又极止?"

此外,齐风中比兴手法的运用也灵活多样。有的全篇一致,如《东方之日》二章,开头都用兴的手法,以日的光辉、月的皎洁,引出美丽的姑娘;《敝笱》三章,开头都用比的手法,以"敝笱"比喻鲁桓公和鲁庄公,以"鲂鳏""鲂鲔"比喻文姜。有的前后不同,如《南山》,前两章先用比的手法,以"南山""雄狐"比喻齐襄公位高而淫,以"葛屦"必"两"和"冠緌"必"双",比喻人各有偶;后两章则用兴的手法,以"芝麻""衡从其亩",引出娶妻"必告父母",以"析薪""匪斧不克"引出嫁妻"匪媒不得"。总之，《齐风》在比兴手法的运用上，形式多样且富于变化。

其二，章法重叠反复。《齐风》中的这几首诗歌基本上采用了重章复沓、反复吟唱的结构形式，使诗意回环往复，韵味无穷。其中有全篇反复重叠的，如《还》《著》《东方之日》《卢令》《敝笱》，每篇各章的句数、句式、字数、押韵位置、反复规律，彼此一致，只在关键地方换了几个字。也有部分反复重叠的，如《鸡鸣》《东方未明》《甫田》等，每篇三章，前两章以同一种形式反复重叠，末一章有变化；《南山》《载驱》两篇，每篇各四章，前两章与后两章各自形成反复重叠的结构形式。《猗嗟》较特殊，全诗三章，每章六句，每句都用"兮"字结尾，但除首句反复外，其余各句都不反复，是上述两者的变例。反复重叠部分之间的关系，有的并列，有的递进。并列关系中反复重叠的内容基本相同，如《还》中的三章、《东方之日》两章、《甫田》的前两章、《载驱》的后两章。递进关系的反复重叠，有的表现为时间上的推移，如《鸡鸣》前两章中，由"鸡既鸣矣，朝既盈矣"到"东方明矣，朝既昌矣"；有的表现为空间上的变化，如《著》中的三章，由"俟我于著"到"俟我于庭"，再到"俟我于堂"；有的表现为程度上的逐渐加深，如《敝笱》，由"其从如云"到"其从如雨"，再到"其从如水"。总之，《齐风》诗歌的篇章结构既有规律又灵活多样。

其三，句式长短错落。《齐风》诗歌的句式，以四言为主，杂言次之。全篇四言的有《东方未明》《甫田》《敝笱》《载驱》《猗嗟》，四言中夹杂五言的有《鸡鸣》《南山》《东方之日》，全篇为杂言的有《还》和《卢令》。其中《著》的句式较为特殊，每章两句六言，一句七言，每句均以"乎而"结尾，这种句式在《诗经》中很少见。《齐风》中的词语，形象准确，如"鲁道有荡"的"荡"字，形容齐鲁大道平坦宽阔；"彼姝者子"的"姝"字，形容年轻姑娘的容貌美丽；"美目清"形容人的眼睛明亮俊美，"巧趋跄"形容人的动作轻巧敏捷。《齐风》中的诗歌还善于使用比喻，如用"葛屦五两，冠緌双止"比喻人各有偶；用"雄狐"比喻淫荡的齐襄公。这些比喻恰当形象，表现出《齐风》诗歌在遣词造句上的艺术成就。

其四，辞藻宽缓舒达。《齐风》表现出很强的音乐美，除了结构上的反复重叠、句式上的整齐变化，这些诗歌还善用联绵词、重叠词写景状物，在节奏上多用表示舒缓、感叹的语气词押韵，这在十五国风中别具一格。《齐风》中的叠字，有的形容声音，如"薨薨"的虫飞声，"薄薄"的车驱声，"令令"的铃声；有的形容气势，如写水盛的"汤汤""滔滔",叙述人多的"彭彭",写草旺盛的"骄骄""桀桀",写山高的"崔崔";有的形容人的心情,如表现忧劳困苦的"切切""怛怛",表现惊恐害怕的"瞿瞿"。这些叠字的运用,不仅使作品更加生动形象,而且增强了诗歌的层次感。这些诗歌在押韵时,多以章为单位,基本是一韵到底,中间变换韵律的不多。各章押韵的诗歌中,逐句为韵的占多数,隔句押韵的占少数。各章的韵脚都在句末,句末是虚词的则提到虚词前面。

《齐风》比较全面地反映了当时齐国社会生活的真实面貌,不仅形象生动,而且透露出灵动机敏和韵味悠长的风格特点。

（二）《晏子春秋》

《晏子春秋》记载了晏子的生平言行,其内容涉及齐国的内政外交,有对君主的忠谏,有对百姓的爱护,有关于家庭生活的趣事。一篇篇小故事有史实,有传说,也有演义。其文学成就,主要表现在以下三个方面。

第一,记言。《晏子春秋》以记言为主,记载了晏子的谏君之言和外交辞令。晏子谏诤国君善用多种方式。一是直言极谏,即开门见山、直言不讳,摆事实、讲道理,提出批评和建议。二是婉言讽喻,即用委婉的话语启发国君,使其晓喻,以达到谏诤的目的。这些委婉讽喻的话语,有的不显露主旨,由国君自己体会;有时也用两商的语气提出来,让国君去选择。三是反语讽刺,即把国君的过错用反语加到他人身上,对国君进行讽刺,使其意识到错误。

晏子的外交辞令,有的反击了敌国对齐国的侮辱,如《晏子春秋·内篇杂下第六》第八章记载的"晏子使吴"。吴王以天子自居,使行人三次以"天子请见"召见晏子,吴王自称"天子",即视齐国为藩国,这必须予以还击,晏子"归罪于"自己糊涂,走错了路,而问"吴王安在"。这实际上就是否定了吴王和吴国的存在,是一个绝妙的讽刺和有力的还击,不仅邦交未损,而且维护了齐国尊严,取得了外交胜利。有的反击了敌国对齐民的侮辱,如《晏子春秋·内篇杂下第六》第十章记载的"晏子使楚",楚王与左右商定,侮辱齐民为盗,齐王讽刺齐民善盗,晏子以"橘生淮南则为橘,生于淮北则为枳"进行反击,以取笑对取笑,还击得很巧妙。有的还击了敌国对齐使的侮辱,《晏子春秋·内篇杂下第六》第九章记载:"晏子使楚,以晏子短,楚人为小门于大门之侧而延晏子。晏子不入,曰:'使狗国者从狗门入;今臣使楚，不当从此门入。'傧者更道从大门入，见楚王。王曰：'齐无人邪……？'晏子对曰：'齐命使，各有所主，其贤者使使贤王，不肖者使使不肖王。婴最不肖，故直使楚矣。'"

晏子议论说理，善于使用形象的比喻。有的比喻某种人，如《晏子春秋·内篇问上第三》第九章用"社鼠"比喻为非作歹而受到国君保护的幸臣；用"猛狗"比喻阻碍贤者觐见国君为君效力的权臣。有的把自相矛盾的事比成"悬牛首""卖马肉"。有的比喻某种道理，如《晏子春秋·内篇问下第四》第四章："景公问晏子曰：'廉政而长久，其行何也？'晏子对曰：'其行水也。美哉水乎清清，其浊无不雩途，其清无不洒除，是以长久也。'公曰：'廉政而速亡，其行何也？'对曰：'其行石也。坚哉石乎落落，视之则坚，循之则坚，内外皆坚，无以为久，是以速亡也。'"意思是，水，内明外柔，洗物不乱于浊，济物不伤于清，比喻为政既能坚持廉洁，又能多方利民，才能长久。石，内不明而外坚固，既不容物，又不为物所容，比喻为政者落落寡合，徒然坚持廉洁而无济于世。这告诉为政者一个道理：既要坚持原则，又要灵活变通，不要只满足于个人清廉，要多方设法济世利民。

第二，叙事。《晏子春秋》的叙事手法也十分出色。这不仅表现在一般的叙述中，更表现在它的故事情节中。对一般的人和事叙述出色的，可见《晏子春秋·内篇谏上第一》第五章写晏子谏君之后，"遂走而出。公从之，兼于涂而不能逮，令趣驾追晏子，其家，不及。……公驱及之康内"。再如《晏子春秋·外篇第八》第十六章："景公游于菑，闻晏子死，公乘侈舆服繁驵，驱之。而因为迟，下车而趋；知不若车之速，则又乘。比至于国者，四下而趋，行哭而往，伏尸而号。"这里写景公奔丧，乘车嫌慢，下车步趋；步趋嫌慢，又复乘车。四乘四趋，始至于国，表现了景公奔晏子丧的沉痛急切心情，记叙得生动突出。

《晏子春秋》中的很多故事，情节曲折变化、跌宕起伏。如《晏子春秋·内篇杂上第五》第二十七章记载：北郭骚受晏子之粟以养母，晏子出奔而辞行，却无营救之意。晏子行后，北郭骚与其友至君庭以明北郭骚之贤，退复自刎。景公闻之，乘期而自追晏子返国。这个故事，由晏子感动北郭骚，到北郭骚感动其友，再到两人自杀感动景公，情节曲折变化，令人惊叹。如《晏子春秋·内篇杂上第五》第二十四章记载：晏子于中牟识越石父之贤，解左骖以赎其身，载与俱归。晏子返齐不用越石父，越石父不顾晏子之恩而提出与晏子绝交。越石父解释后，晏子自责，而尊礼越石父为上客。晏子知越石父之贤，归国而不能用，越石父提出绝交，犹以对越石父有恩自居，至闻越石父言论始幡然自责。故事情节起伏跌宕，富有波澜。

第三，描写。《晏子春秋·内篇谏下第二》第十五章描写道："景公为西曲潢，其深灭轨，高三仞，横木龙蛇，立木鸟兽。公衣黼黻之衣，素绣之裳，一衣而五采具焉。带球玉而冠且，被发乱首，南面而立，傲然。"这里细致描写了景公劳民而成的曲池台榭和雕刻的龙蛇鸟兽，也描写了他衣着华贵、披发傲立的形象，突显了景公追求华贵生活的奢靡之心。再如《晏子春秋·内篇杂上第五》第三章描写的"崔杼弑庄公"，晏子大义凛然，拒接崔庆的盟约，表现了他"富贵不能淫""威武不能屈"的高贵品质。

《晏子春秋》在中国文学史上的地位是显而易见的，它既是一部富含政治思想的记叙文学作品，也是一部短篇小说集。它以传人为主，善用语言、故事来刻画人物，注重细节，注重趣味，文学性突出。

二、艺术

德国艺术史学家格罗塞在《艺术的起源》中认为，艺术的起源，就在文化起源的地方。先齐和西周时期是齐地艺术的起源、初创时期。春秋战国时期是齐地艺术蓬勃发展、成就卓著的时期。秦汉时期的齐地艺术则更加辉煌灿烂，产生了众多令人惊叹的艺术瑰宝，如音乐、舞蹈、绘画、雕塑、建筑等。它们成为齐文化宝库中不可多得的珍品。

（一）齐《韶》

韶乐，史称舜乐，中国古代的宫廷音乐，起源于5000多年前，为上古舜帝之乐，是一种集诗、乐、舞为一体的综合古典艺术。

太公立国之前，齐为东夷人旧地。先秦音乐即夷乐。夷乐对后世影响最大的要数舜时的《韶》乐了。"韶"字本身是美好的意思，人们常用"韶华""韶光"等来形容人一生中最美好的时光。《韶》乐又称《箫韶》《韶箾》《九韶》《九招》《大招》《昭虞》等，是一种传统的宫廷音乐，而且是宫廷音乐中等级最高、运用时间最久的雅乐。它起源于5000多年前，为上古舜帝之乐，是一种集诗、乐、舞为一体的综合古典艺术，也是我国最早有文字记载的、能反映我国原始社会面貌的音乐，被誉为"中华第一乐章"。《汉书·礼乐志》记载舜创作了《韶》乐，《说文解字》音部也认为《韶》乐是舜时的音乐。可见，《韶》乐应由舜，或是舜所在部落中的艺术家所创作。《竹书纪年》记载："有虞氏舜作《大韶》之乐。"《吕氏春秋·古乐篇》载："帝舜乃令质修九招、六列、六英，以明帝德。"由此可知，舜作《韶》的目的主要是歌颂示范为帝的德行。《尚书·舜典》记载："直而温，宽而栗，刚而无虐，简而无傲……八音克谐，无相夺伦，神人以和。"意即舜帝想通过演奏《韶》乐，使众生成为正直温和，宽宏而明辨，刚毅而不暴虐，质直而不傲慢的人，以达到教化百姓的目的。

《韶》乐自帝舜时代产生后，即流传下来为历代所用。《史记·五帝本纪》记载："四海之内，咸戴帝舜之功。于是禹乃兴《九招》之乐，致异物，凤皇来翔。"这里的《九招》指的就是《韶》乐，说明《韶》乐在禹时就被用来歌颂帝舜功德了。

夏启沿袭舜帝时的《韶》乐，"开上三嫔于天，得《九辩》与《九歌》以下，此天穆之野，高两千仞，开焉（于是）得始歌《九招》"。《古本竹书纪年》记载："夏后开（启）舞《九招》也"。《韶》乐继夏禹之后，传至商汤，国家对其又做了修订。周初立国，周公兴作六代之乐，而《韶》乐成为宗庙的乐章。可见《韶》乐受到了夏、商、周三代帝王的尊崇，他们都将其作为国家大典用乐。而历经夏、商、周三代，《韶》乐也发展成为影响甚大的著名古乐舞曲。

《韶》乐在齐国的发展也经历了一个过程。周武王定天下，封赏功臣，姜太公以首功封营丘建齐国，《韶》传入齐。《韶》入齐后，在齐国"因俗简礼""兼容并包、以礼治国"基本国策的影响下，逐渐适应当地民情民风，融合当地艺术形式，从内容到表演形式都有所丰富，更贴近东夷传统乐舞，展现出新的风貌，获得了广阔的发展空间。前544年，吴国公子季札在鲁国看到这个乐舞的演出后，对它给予了极高评价。大意是：非常美妙，伟大极了！像天一样笼罩了一切，像地一样负载了一切。

《尚书·益稷》记载："夔曰：戛击鸣球、搏拊、琴瑟，以咏。祖考来格，虞宾在位，群后德让。下管鼗鼓，合止柷敔，笙镛以间，鸟兽跄跄；《箫韶》九成，凤凰来仪。"由此可见，《韶》乐所用乐器大体有三组十四种。第一组为打击乐器：戛（又名敔）、祝、敔、鼓、鸣球、搏拊、鼗（又作鼗）、镛、石磬；第二组为弹弦乐器：琴、瑟；第三组为吹奏乐器：箫（主奏乐器，实为排箫）、管、笙。除此之外，从《尚书·舜典》和其他一些考古资料中也能看出《韶》乐中可能包括"八音"。

后世流传的有关《韶》乐的传说有很多，如"凤凰来仪""季札观乐"等，其中，影响最大的要数"孔子闻韶"。

孔子不仅是一个伟大的思想家，还是一个音乐家。他精通乐理，深谙音律。前517年，即鲁昭公二十五年，孔子35岁的时候，鲁国发生内乱，政治形势恶化。孔子感到鲁国无道，于是带领弟子到齐国发展。

孔子来到齐国之后，做了齐卿高昭子的家臣，想借高昭子的关系得到齐国国君的重用。孔子这次"适齐"虽没有谋得一官半职，却了他一桩大心愿——听到了向往已久的《韶》乐。《论语·述而》记载，孔子与齐国的乐官谈论音乐，耳闻目睹了《韶》乐的演奏盛况，不禁心醉神迷，常常忘形地手舞足蹈。之后一连三个月，他在睡梦中也反复吟唱；吃饭时也会揣摩《韶》乐的音韵，以至于连肉的香味也品尝不出来了。他还说："想不到音乐的美竟然能达到这么高的境界！"后来孔子每谈及《韶》乐，便情不自禁地赞曰：《韶》尽美矣，又尽善也。这便是"孔子闻韶"的典故，该典故还衍生出两个成语，即"尽善尽美"和"三月不知肉味"。

为纪念这段佳话，后人刻石——孔子闻韶处。它位于今山东省淄博市临淄区齐都镇韶院村北，相传此处就是当年孔子在齐国闻《韶》乐的地方。现村东南隅有一石碑，高163厘米，宽80厘米，上刻"孔子闻韶处"五个大字。《临淄县志》记载：韶院村原名枣院村，村民曾掘地得一古碑，上书"孔子闻韶处"，后又于附近地下得石磬数枚，遂易村名。因旧碑石年深日久，字迹已模糊不清，村人恐古迹湮没，盛事无传，故重立了现存的"孔子闻韶处"石碑。1982年，淄博市和临淄区人民政府拨出专款，对"孔子闻韶处"加以修葺，并增加了"舞乐图"与"韶乐及子在齐闻韶"石刻。

综上，《韶》乐为舜帝所创，目的是通过演奏《韶》乐以教化百姓，《韶》乐带有"正直温和，宽宏而明辨，刚毅而不暴虐，质直而不傲慢"的风格特征，整部乐舞也突显了宽大壮丽、温柔优美、刚毅庄重、欢快愉悦的艺术风格。《韶》乐独特的艺术感染力，使得它不仅在齐国盛行八百年之久，更成为中国音乐长河中的一朵绚丽之花。

（二）齐文化中的音乐理论

人类早期的艺术可分为两种"集合体"：一是以声音、节奏为主体的音乐、歌诗和舞蹈艺术；二是以造型、色彩为主体的绘画、雕塑、建筑等艺术。人类早期有过音乐、歌诗、舞蹈同源的"三位一体"的时代，三者之间的联系十分紧密，其中音乐可视为三者的母体。例如舞蹈，即使是简单的舞蹈，也离不开节奏和动作造型。口耳相传的歌诗也同样离不开声音和节奏。

齐国音乐由东夷音乐发展而来，在吸收东夷音乐风格的同时，也继承了夏、商、周三代的宫廷音乐的特色。西周时期，随着生产力的发展，音乐艺术得到空前发展。周王室把音乐作为统治工具，并对以前和当时的音乐进行了综合、集中，设立了音乐在应用上的等级制度，建立音乐机构，开展音乐教育，在中国历史上首次创始了较完备的宫廷"雅乐"体系。在"礼乐征伐自天子出"的时代，王室的音乐规范对国家的影响是巨大的。

春秋时期，齐国的音乐有了进一步发展。舜时创造的《韶》乐，经过齐国乐师们的精心加工，几乎达到完美的程度，以至于孔子在齐闻《韶》乐"三月不知肉味"。齐桓公、齐景公都是音乐爱好者，《管子》《晏子春秋》都记载了齐桓公好乐、景公好乐之事，晏子还多次借乐喻政，进行讽谏。国君对音乐的爱好对其发展与普及起到了巨大的推动作用。

春秋末至战国时期，齐国只在进行重大活动时才演奏传统雅乐，而百姓在日常生活中用的是俗乐，也就是新乐。齐国的新乐是在吸收民间音乐和"四方之乐"基础上形成的，在形式上脱离诗歌而独立。在乐器方面，其偏重使用丝竹之器，如竽、筝、筑、琴、瑟等。齐威王、齐宣王、齐闵王都是音乐爱好者，在他们的倡导下，齐国民众对音乐的需求和爱好远远超过其他地区。齐都临淄俨然成为东方音乐之都。

太公封齐以后，在文化上采取了"因其俗，简其礼"的政策，为齐乐的发展提供了良好的社会环境，齐国音乐也因此焕发了新的生机。在诸侯列国中，齐国的音乐一直处于领先水平，它很快摆脱了为神明、君主服务的使命，形成了以俗乐为主流的齐乐。

1. 音乐理论

齐地的音乐艺术从民间到官方都获得了相当大的发展，无论是音乐演唱、乐曲创作实践、音乐理论，还是乐器制作、器乐演奏技巧等都达到了较高的艺术水平。

（1）《管子》的音乐理论

《管子·地员》论及音律的部分，可看作我国最早的乐律学，也是今人研究民族乐律最早、最科学的宝贵资源。

我国古代乐律，最早的推算方法是依据管或弦的长度计算的。人们要推算出五音的音位，先要"主一而三之"，即以弦的全长度为基础，均分为三，取其三分之二，去其三分之一，称为三分损一；将其三分之二再均分为三，增加其三分之一，即成三分之四，称为"三分益一"。由此类推，相生各律，这种计算方法，就是《管子·地员》中所载的"三分损益法"，亦称"五度相生法"。"三分损益法"是世界上最早的音律计算理论，春秋末期便应用于音乐实践，在律学发展中占有重要地位。

除此，《管子》体现的音乐美学思想又是多方面的。《管子》认为人性正平，本无喜怒哀乐，而有了喜怒哀乐，就会丧失人的这种本性，这具有明显的道家色彩；《管子》把五音看得比五行、五官更重要，近似于阴阳家的思想；《管子》认为仁、义、礼、乐皆出于法，有些法家的意味。

（2）晏婴论乐

晏婴能歌善舞，他以音乐劝谏、作歌匡正君过的事例在《晏子春秋》中多处可见，如《冻水歌》《穗歌》《岁暮歌》等。

晏婴认真总结了古代劳动者和乐师们丰富的音乐艺术实践，对我国先秦时期"和"的音乐思想的形成作出了重要贡献，确立了东方音乐艺术美的基本准则，对我国后世的音乐实践和音乐美学思想的发展影响深远。

人类早期的审美意识就要求审美对象有对称、和谐、平衡、齐整等美的特征，先秦思想家对"和"的见解很多，大都认为"和"是一种和谐的最佳状态。

晏婴以先秦诸家的音乐思想为基础，进一步充实、发展了"和""同"等音乐理论，他要求"济其不及，以泄其过"，认为不同因素在一定条件下能相辅相成、相反相成，使乐曲趋于"平""和"，这对后世音乐美学思想的发展产生了极为深远的影响。

晏婴从音乐演奏的主体与客体、内容与形式、整体与局部、部分与部分之间的关系等诸多方面的协调一致，以及音乐的形式、演奏技巧、内容情感等方面的对立统一出发，全面论述了以"和""同"为核心的音乐美学思想。

晏婴把各种因素的和谐统一看成音乐艺术表现的最高原则，他特别强调了音乐美存在于诸多因素相辅相成的和谐之中，存在于诸多对立因素相反相成的对立统一之中。

2. 齐国俗乐

以俗乐为主流的齐国音乐包括民间俗乐和俗化了的官乐。

俗乐指当时流行的世俗之乐、民间音乐。齐国丰厚的音乐文化沃土为民间俗乐的发展提供了优越的条件。

首先，齐国俗乐有广泛的群众基础，齐人好乐，"齐右善歌"，齐国民间的音乐娱乐活动丰富多彩。《史记·苏秦列传》载苏秦于齐都之所见："临淄甚富而实，其民无不吹竽鼓瑟，弹琴击筑，斗鸡走狗，六博蹋鞠者。"这充分说明当时齐都城中各种器乐演奏、技艺表演十分普及，反映了齐国民间器乐制作之繁荣和民间音乐活动的群众性。

其次，齐国上层统治者和齐国卿相的音乐审美情趣趋向于俗乐，他们喜爱俗乐、提倡俗乐，这在一定程度上推动了齐国俗乐的迅速发展和不断完善。齐宣王不但在音乐欣赏上喜爱俗乐，还曾直言不讳地向孟子表达"寡人非能好先王之乐也，直好世俗之乐耳"的看法。

3. 齐国官乐

官乐是相对民间俗乐而言的官方雅乐。齐国的官乐分为雅乐和燕乐两大体系。雅乐是用于郊庙祭祀、春秋飨射及朝廷各种典礼仪式上的乐舞，其音乐庄重和谐，旋律舒缓，表演整齐划一，所使用的乐器虽也有丝竹之乐，但以钟、磬为主，多金石之乐。整体上看，齐国的音乐成就是建立在其发达的经济和丰厚的文化基础之上的，因而齐国官乐的发展水平也是令世人瞩目的。官乐包括礼乐和燕乐等不同类型。

燕乐是指宫廷宴饮时供娱乐的音乐歌舞表演，房中乐、室内乐均属此类。齐国君王的生活豪华奢靡，燕乐亦由此而发达。

扫码学习
相关内容

第三节　学术思想

　　齐文化所包含的学术思想是中国古代学术思想的源泉之一，是先秦学术思想史的重要组成部分。齐学孕育于西周之初，成熟于春秋时代，昌盛于战国时期，在长期的传承、拓展、嬗变、演进中发展到极致。自姜太公封疆营丘始建齐国起，就揭开了齐学发展的历史。姜太公的治国思想和军事谋略，为齐学的发展奠定了坚实的基础。春秋时期，经过管仲、晏婴、孙武等人的补充、修正、发展，齐学已具备丰富的思想内容和完善的理论体系，形成了举贤尚功、礼法兼重、刑德相养、王霸一体、农工商并举、义利兼顾的思想传统。由于它在学术思想领域实行了一种"早期民主原则"，所以它具有涵容性、开放性、进取与求实、改革与创新的思想特征。进入战国时代，以淳于髡、邹衍、田骈等为代表的稷下学者，在新的社会历史条件下，各自从不同方面继承和发展了已有的学术思想，使齐学得以发扬光大。本节主要介绍齐学中最具代表性的两类学术思想——《管子》思想、稷下学。

一、《管子》思想

（一）《管子》

　　管仲是我国古代著名的政治家、思想家、军事家，也是先秦诸子中法家学派的代表人物，被誉为"法家先驱"。管仲的思想集中体现在《管子》一书中。《管子》是管仲学派集体智慧的结晶，是一部文化巨著。其内容宏富，既包含哲学、政治、经济、法律、军事、教育、外交、乐律等社会科学艺术方面的思想，也包含天文、地理、农业、水利、医学、矿产资源以及冶炼、制盐等自然科学技术方面的思想，对后世产生了广泛而深远的影响。

《管子》并非管仲所著，而是管仲学派的著作汇集。它不是一人一时之笔，也不是一家一派之言，而是兼有战国秦汉文字的一部文集。该书内容丰富、全面，体系完整、繁复，内涵深刻、精辟，记录和发挥了管仲的治国思想，是一部经邦治国的百科全书。该书大约成书于战国中期至秦汉时期，西汉末年，经过经学家、文学家刘向整理，定为86篇，后佚失10篇，故今本《管子》仅76篇。全书16万言，为最宏伟的先秦单本学术论著。

《管子》虽非管仲所著，却保存了管仲的政治、经济等思想以及管仲相齐的历史资料。管仲相齐40年，实行了政治、经济、军事、社会等各方面的改革，辅佐齐桓公，"九合诸侯，一匡天下"，这无论对当时还是后世，都产生了巨大影响。战国时期，那些尊奉管仲的学者，继承了管仲的思想，记述他的言行，并且不断地丰富和发展了他的理论，托名管仲，以撰成书，迨至秦汉，又有作品掺入。这部著作在诸子百家中占有特别重要的地位。《管子》一书不仅是今人研究管仲本人的重要史料，也是研究齐文化乃至中国传统文化的重要史料。

（二）《管子》的主要思想

《管子》一书内容丰富、涉及面广，包括政治、经济、军事、哲学、教育、自然科学等多个方面。

1. 政治思想

《管子》的政治观，从顺民心、利民生的宗旨出发，通过尚礼义，对民众施之以教育，而后行之以法制，形成了一个完整的体系。

一是在历史上最早提出了"以人为本"的民本思想，指出"夫霸王之所始也，以人为本，本理则国固，本乱则国危"（《管子·霸言》）。

二是主张顺应民俗，争取民心。《管子》认为，民心向背是事业能否成功的根本，"民情可得而御之"。《管子·牧民》认为，政令之所以能推行，在于顺应民心；政令之所以废弛，是因为违背了民心。为了顺应民俗，争取民心，国家采取了以下具体措施：根据齐地"人民多文采、布帛、鱼盐"的情况，设立了"轻重九府"，主张通过商品经济来富国强兵，鼓励人民发展工商业，争相致富；根据齐人"足智，好议论；重地，难动摇"和社交尚谈等特点，建立"参其国而伍其鄙"的行政区划，实行士农工商分业定居政策，使各行各业的人"旦暮从事于此，以教其子弟""相示""相陈"，即相互影响，潜移默化，使人知礼尚义；根据齐人"宽缓阔达"的精神状况，采取了以教化为主、礼法并用的方针政策。

三是以礼义教民。要使"士无邪行，女无淫事"，就必须对人民施以教育。《管子》教民的核心是"礼、义、廉、耻"，它认为这四维是治国之根本。

四是尚法。《管子》认为，法是治民一众的规范，是行政施令的法宝。《管子·形势解》说："仪者，万物之程式也。法度者，万民之仪表也。"《管子·七法》又说："尽寸也，绳墨也，规矩也，衡石也，斗斛也，角量也，谓之法。"从而准确阐述了法的概念，指出法是衡量人们言行是非曲直、功过行事的客观标准，是民众应该遵守的行为准则，是国家得以和平发展的根本保障。"故法者，天下之至道也，圣君之实用也"，"不法法则事毋常，法不法则令不行"，"法者，民之父母也"，这些都强调了依法治国是根本，没有这个根本，则民无保障、国无秩序、民心不向、国将不国。这是《管子》对我国古代法治思想的伟大贡献。

2. 经济思想

一是农本思想。《管子》认为农业是人的生活之本，必须高度重视。《管子·治国》说："粟也者，民之所归也。粟也者，财之所归也。粟也者，地之所归也。粟多，则天下之物尽至矣"，并把粮食称为"司命"，足见其对农业生产的重视。《管子》认为，只有以农为本，才能富国、安民、强兵。在《管子》的《幼官》《幼官图》两篇中，提到了一种先秦时期齐国特有的节气系统——三十节气系统，并作了详细叙述。为了保证农业生产的正常进行，《管子》强调要"使民以时"。

二是禁末思想。《管子》认为的末，专指文巧、玩好、奇珍等奢侈品的生产与流通，不是指一般的工商业。"工事竞于刻镂，女事繁于文章，国之贫也……工事无刻镂，女事无文章，国之富也。"由此指出"禁末"是国家富裕的必由之路。

三是抑商思想。《管子》提倡的抑商，不是指抑制一般的商品交换，而是要控制大私商囤积居奇、牟取暴利的行为，其解决办法是由国家经营商业。《管子》主张在政治上限制商人，以防止他们掌握政治权力后，在经济上牟取暴利。

四是轻重理论。《管子·国蓄》认为，商品价格的高低取决于市场上这种商品数量的多少，市场上某种商品数量的多少则取决于商品产量、季节、是否被囤积以及"号令"等，这就是数量价值论。根据这一理论，国家可以通过改变市场上的商品、货币数量来控制物价。《管子·轻重》把货币称为流通工具，即"黄金刀布者，民之通货也"。货币与商品具有相反的轻重关系。人君除了要垄断铸币权之外，还要用它来"守财物""御民事""平天下"，即将其作为控制商品流通的资本。《管子》还提出如何以经济手段降服邻国的方法，如用高价购买邻国的特产，造成邻国人民因为只顾生产特产而严重缺粮或遇到其他困难，然后迫使邻国不战而降。"衡山之谋""买鹿制楚"等典故就反映了这种思想。

3. 军事思想

一是《管子》提出了自己的战争观。对战争的性质、战争的态度和作用等都作了系统论述。

二是提出了战略战术原则。《管子》主张意欲强兵，必先富国。"欲正天下，财不盖天下，不能正天下。"有了丰厚的经济基础，便可建设装备精良的军队。"备具胜之原"，是指武器装备是战争胜负的重要因素。《管子》不但强调作战要有精良的武器装备，更强调要选将练卒，对将帅和士卒都提出了具体要求。

此外，《管子》还指出，战争开始前必须查明敌方情况。为了了解对方情况，可用间谍耳目，同时，还要做好自我保护，以防敌人获得我方情报。《管子》主张在战争中要善于出"奇兵"，攻其不备，令对方措手不及。

4. 哲学思想

一是提出了"道"即"精气"的唯物主义世界观，认为宇宙万物都是由"精气"产生的。《管子·内业》认为，作为物质的精气，结合起来就产生了万物。"万物以生，万物以成，命之曰道。"

二是"静因之道"的反映论。要求人民用"静因之道"的原则去进行认识活动。《管子·心术上》认为，所谓因，就是不增加也不减少。是什么样，就起个什么名，这就是"因"的做法。把"因"作为认识的基本原则，就是要因物之实，"以物为法"，如实反映客观事物。

要贯彻"因"的认识原则，必须使内心虚静，这样就不会给认识对象增添或减少任何东西，就能排除主观设想的干扰和盲动。从"静因"的思想出发，着重强调的是主体在认识中的作用，强调"治心"，提出的是主体修养在认识论上的意义，这在中国哲学史上具有独特的理论价值。

5. 教育思想

《管子》重视和提倡民众的道德教育、职业教育（即理论和实践相结合）、生活教育、军事教育和教育考核，并把教育、育人作为有可能导致国家存亡的"百年大计"加以倡导和推行。《管子》中的《弟子职》"当是稷下学宫之学则"（郭沫若语），是中国教育史上的第一个较完备的学生守则，该篇集中反映了稷下教育思想的核心——尊师与重道。《管子·弟子职》记述了学宫弟子起居、受业、应客、坐立、进退、用餐、洒扫、执炬等要遵守的礼节规则，从饮食起居到衣着服饰，从课堂纪律到课后复习，从尊敬师长到敬德修业，都有非常严格、详细和具体的要求。如《弟子职》开篇就规定："先生施教，弟子是则。"还规定："出入恭敬，如见宾客。危坐乡师，颜色毋作"，"先生有命，弟子乃食"等。尽管其中有些规定过于呆板，但字里行间无不体现出对教师的尊敬，折射出《管子》尊师重教的思想。

6. 自然科学思想

《管子》一书还包含了非常丰富的自然科学思想。

一是丰富的地学思想。《管子·地员》将"九州之土"分为18类90种，并在指出其所适宜生长的植物的同时，列出了各种土壤所适宜种植的农作物，共计36种，即所谓"凡土物九十，其种三十六"。该篇还指出"九州之土，为九十物"，并根据土色、质地、结构、孔隙、有机质、盐碱地和肥力等方面的性质，结合地形、水文、植被等自然条件，将"九州之土"分为上、中、下三等18类，其中，每一类土壤又分为五种，共90种土壤。

二是丰富的水利学思想。其中的《度地》篇就是论述治水的文章。在该篇中，管子不但认识到治水为治国安邦的头等大事，"善为国者，必先除其五害"，"五害之属，水最为大"，而且还就如何防治水灾、如何修建水利工程等问题进行了论述。

三是丰富的植物学思想。《地员》篇不仅记载了植被分布的垂直地带性特点，即从山麓到山顶随着海拔的升高，植被类型会依次变化，还论述了渎田上五种土壤——息土、赤垆、黄唐、斥埴、黑埴各自所适宜种植的农作物、所适宜生长的野生植物、水泉的深度以及当地居民的相应体征，同时论述了阳光、土壤、动物等生态因子对植物生长的影响。"五粟之土，若在陵在山，在陵在衍，其阴其阳，尽宜桐柞，莫不秀长。""其阴则生之楂藜，其阳则安树之五麻。"

四是丰富的矿藏学思想。古人把《管子·地数》称作"管子六条"，即山上有赭，其下有铁；山上有磁石，其下有铜金；山上有铅，其下有银；山上有丹砂，其下有黄金；山上有陵石，其下有铅、锡、赤铜；山上有银，其下有丹。"管子六条"分组说明了铁、铜、锡、铅、金、银、汞七种金属矿产存在的上下关系，总结了一些矿床中矿物的分布规律，指出可以根据矿苗和矿物的共生关系来寻找矿床。这一方法无疑是对古人矿产开发实践经验的总结，非常符合矿产开发实际，对于矿床的探寻具有一定的指导作用，具有较高的科学价值。

综上所述，《管子》是一部光照千秋的先秦诸子时代百科全书式的巨著，也是我国文化宝库中的一朵奇葩，素有"论高文奇"之赞。其内容庞杂，涉及政治、经济、军事、哲学、教育、自然科学等多个方面，而且见解独到，在很多方面开创了相关领域的理论先河。《管子》是尊崇管仲的人们假托管仲之名而作的，其中必定有对管仲思想的发挥，但其思想渊源和管仲治齐时所采取的革新政治、富国强兵等方面的措施是密不可分的。《管子》是春秋战国时期的重要典籍，是研究齐文化乃至中国传统文化的重要文献资料。

（三）对《管子》的评价

《管子》中的哲学思想、人本主义、礼法统一论、轻重论和伦理学说，从不同侧面揭示了自然界和人类社会变化发展的基本规律，在中国古代思想发展史上具有重要地位。

《管子》以水为万物本原的朴素唯物主义思想，是中国古代哲学史上第一个完整的唯物主义形态。一切皆出于水，这一认识抛弃了用超自然力量说明客观世界的神秘观念，力图用自然本身来说明宇宙的本质，这本身就是对原始宗教的反叛和否定。

在早期人类社会，人类征服自然的能力非常低，很多神奇的自然现象都无法解释。人们对自然现象的敬畏和不理解，导致原始神话和原始宗教的盛行。原始宗教和原始神话把自然的原因和本体归结为一种超自然的东西，是在客观对象之外寻求普遍化和本质。《管子》的水本原论则把可感的事物规定为世界的本质和万物的本原，用自然说明自然本身，这就排除了萦绕在具体可感事物身上的神秘色彩。《管子》的水本原论，试图从用直观感受就能把握的个别的具体事物和现象中，寻找到这些事物和现象的统一性基础，也就是从感性的"多"中寻找普遍的"一"。正如古希腊哲学家亚里士多德所说："那些最早的哲学研究者们，大都仅仅把物质的本质当作万物的本原了。因为在他们看来，一样的东西，万物都是由它构成的，都是首先从它产生，最后又化为它的，那就是万物的元素，万物的本原了。""水是万物的本原"，正是对宇宙万物统一性的唯物主义的最初理解和概括。

《管子》的"精气"说继承和改造了《老子》的道体观，下启荀、韩的唯物主义思想。"精气"学说虽然还有许多不成熟之处，但在中国古代朴素唯物主义的发展过程中有着重要地位。"精气"学说把世界的本原抽象为无形的、普遍的"精气"，在对解释物质世界的多样性和统一性方面，比起用一种或几种具体的、有形的东西来说明，显然是一种巨大进步。"精气"学说是中国古代"气"一元论的朴素唯物主义传统的重要源头。

人本主义思潮是春秋战国时期形成的一种强大的社会思潮。春秋战国时期，社会政治、经济、文化等各个方面均处在急剧变革之中，社会生产力迅速发展，封建的社会生产关系在一些较发达的国家里相继出现，奴隶制逐渐走向解体。随着社会剧变，阶级重新组合，各诸侯国为取得霸权，频频发动战争，要想夺取战争的胜利，没有雄厚的经济基础和强大的军力是不可能的。为了争霸天下，统治者越来越清晰地看到人民的重要性。另外，广大人民群众在谋求生存的活动中，逐渐认识到要想改善生活境况，争取经济利益，就必须同统治者进行斗争，所以他们通过怠工、起义的形式来向统治者争取利益。

《管子》中"以人为本"的思想，既反映了人民的要求，也反映了时代的需要，开启了一个人本主义思想探索的新时代，是中国古代人本主义思想发展史上的一个重要里程碑。

《管子》的礼法统一论，较之儒家偏重礼教，秦晋法家的"不贵义而贵法"、严刑峻法，无疑是全面而深刻的。礼法统一论对"礼"与"法"在社会中的不同作用已有深刻的认识。《管子》重法，力主推行法治，使"群臣皆出于方正之治而不敢为奸"，使百姓"有法则从之，无法则止"。但《管子》也清醒地看到，仅用法治还不能保证国家的长治久安，"刑法不足以畏其意，杀戮不足以服其心"。过分的严刑峻法还会导致出现"令不行""心不服""上位危"的局面。所以，在行法的同时，还必须辅之以"礼"，即推行道德教化。

在治国化民的过程中，从礼和法所追求的目标看，二者殊途同归。礼教和法治的目的都是使社会稳定、人民齐心、国家长治久安。不同的是礼教是以温和的方式，而法治则是凭权威，靠强力推行，而理想的治国化民的方法应是礼、法并行。

《管子》的轻重论是其经济思想的重要组成部分，其中总结了商品流通的一些规律。如提出商品的价格取决于市场上商品数量的多少，商品的价格与货币价值成反比，并设想了许多利用国家政权力量（"号令"）来改变市场上商品、货币数量以控制商品价格的办法。这些做法在客观上促进了商品经济的发展。但是，《管子》的轻重论因为产生于商品经济不成熟、不完备的历史条件下，故其中还存在不少缺陷。如对商品流通规律极度夸张，过分夸大国家控制商品的能力。这就使《管子》的轻重论成为一个真理与谬误相互交织的理论体系。

《管子》的轻重论提出了国家调节物价以抑制兼并的主张。国家要参与商品买卖过程，在某种商品价格过高时，就抛售该类商品以降低其市场价格；在某种商品价格过低时，就收购这种商品以抬高价格。这种客观调控的方法是对计然、李悝平籴思想的继承和发展，具有一定的积极意义。但是，轻重论又主张国家在经营商业时要人为地制造商品价格的失调，在物价的剧烈波动中获取巨额的商业利润以充实国家财政，这些又是违背经济规律的。

《管子》的轻重论主张国家垄断货币、谷物、盐、铁等，旨在利归国家，增强国家的经济实力，为巩固国家政权提供坚实的经济基础，这有其合理的一面。但是，如果垄断商品过多，垄断价格过高，对轻重权进行全面控制，则不利于商品经济的发育和生成，这是因为：首先，国家对货币等重要商品进行垄断，会造成大量物资的囤积与滞留，从而限制了社会产品的商品化；其次，小商品生产者无法在价值规律的作用下与握有庞大社会财富的国家相匹敌和抗衡，而只能在国家轻重的支配下苟延残喘，甚至有一部分被淘汰。

《管子》的轻重论主张利用轻重来开展对外贸易、互通有无、扬长避短，这对推动经济的发展和繁荣，无疑是具有积极意义的。但轻重论主张利用轻重搞垮对方经济，以达到某些政治目的，则是不可取的。因为不平等的、隐藏政治动机的轻重政策，其目的一旦被识破，贸易关系便会中断，不但自己要承受经济损失，而且也会影响正常的经济往来。

《管子》的伦理学说将社会伦理与社会经济的发展和政治状况相结合，因此更加完善、深刻。

《管子》的道德观，强调了作为观念形态的伦理规范只有在一定的经济条件下才能发挥作用。跟儒家的"去食。自古皆有死，民无信不立"的观念不同，它认为经济生活对道德生活有决定作用，这是《管子》伦理学说的一大特色。《管子》强调，不论是礼、义、廉、耻、德、仁，还是其他伦理观念，都不是超功利的东西，且必须以一定的经济内容为基础。

《管子》从发展农业生产、提高人民物质生活水平出发，认为只有生活富裕了，礼义道德才有归宿。这样从经济基础来说明道德观念，是一种朴素唯物主义观点。在强调经济生活对道德生活有决定作用的同时，《管子》并不认为道德生活只是经济生活消极、被动的附属物，而认为道德生活对经济生活具有巨大的反作用。"四维不张，国乃灭亡"，既强调经济生活对道德的决定作用，也强调道德的反作用，这在先秦学术思想中是独树一帜的。

《管子》伦理思想的另一大特色是伦理思想和政治思想紧密结合。从管仲学派的思想体系来看，他们所说的政治是具有伦理色彩的政治，而他们所说的伦理又是为政治统治服务的伦理。这种状况，固然决定于中国古代社会家族宗法制度与君主统治相结合的社会基础，更与这一学派的创始人管仲长期从政的经历密切相关。管仲相齐40年，在社会的政治、经济、军事、外交诸方面推行了全面而系统的改革，使齐由方圆百里的小国，一跃成为春秋时期举足轻重的大国。管仲在治理国家的过程中，提出了许多新思想、新观念，形成了"霸业"与"德治"相结合的思想体系。正是这一特色，使管仲学派与孔孟儒家、三晋法家、荆楚道家处于同样重要的位置，它们相互吸收、融合，构成了中国古代传统伦理学体系。

二、稷下学

（一）稷下学宫

稷下学宫是战国时期学术文化的交流中心、百家争鸣的重要场所。稷下学宫的创建，百家争鸣的开展，不仅推动了先秦时期百家争鸣高峰的形成，促进了学术思想的繁荣，更对中国古代学术思想的发展产生了重大而深远的影响。诚如郭沫若先生所说："这稷下之学的设置，在中国文化史上实在是有划时代的意义。"

1. 稷下学宫的发展历史

战国时期，齐国统治者基于政治斗争和图霸天下的需要，在齐国都城临淄设立了一所巍峨宏大的"学宫"，招揽天下饱学之士前来讲学授徒，著书立说，史称稷下学宫。稷下学宫是世界上第一所由官方举办、私家主持的特殊形式的高等学府，它始建于齐桓公田午时期（前374—前357），历威、宣、闵、襄，至齐王建时期结束，因位于齐都临淄（今山东省淄博市临淄区）稷门附近而得名。稷下学宫基本与田齐政权相始终，随着秦灭齐统一中国而消亡，历时150年左右。

（1）初创阶段

战国时期，整个社会处于大变革中，田齐的第三代君主齐桓公田午即位之后，面对新生政权亟待巩固，而济世之才又十分匮乏的现实问题，加之田氏是以不正常的手段取代姜齐政权的，他迫切需要利用士人的喉舌，鼓吹自己取代姜齐政权的合法性。于是，这位贤明的君主便在齐都临淄的稷门附近建起了巍峨的学宫，设"大夫"之号，广泛招揽天下文学游说之士。"齐桓公（田午）立稷下之宫，设大夫之号，招致贤人尊宠之。"（徐干语）

（2）兴盛阶段：威、宣王时期和闵王前期

稷下学宫在齐威王时期得到较大发展。齐威王即位以后，继承父业，招纳天下贤人荟萃于稷下学宫，为其出谋划策，稷下学宫规模日益扩大，出现了贤士云集、诸子驰说的盛况。

前319年，齐宣王即位。齐宣王在位期间，群雄争霸、兼并战争已经白热化，为了实现"欲辟土地，朝秦楚，莅中国而抚四夷也"的政治理想，宣王也像其父辈那样，广招天下贤人而尊崇之，大力发展稷下学宫，采取了很多开明政策，使稷下学宫得到了空前发展。当时的稷下学宫规模之大、人数之众、学派之多、争鸣之盛，都达到了稷下学宫发展史上的巅峰。《史记·田敬仲完世家》说："宣王喜文学游说之士，自如驺衍、淳于髡、田骈、接予、慎到、环渊之徒七十六人，皆赐列第，为上大夫，不治而议论。是以齐稷下学士复盛，且数百千人。"由此出现了"致千里之奇士，总百家之伟说"之盛况。

（3）中衰阶段

齐闵王前期，稷下学士达数万人，稷下学宫仍有继续发展之势，但到了齐闵王后期，由于其穷兵黩武，好大喜功，诸多稷下先生虽极力劝谏，但均遭拒绝，于是他们纷纷离齐而去，稷下学宫变得前所未有的冷清萧条。后来，燕将乐毅攻入临淄，闵王逃奔至莒邑（今山东莒县），被杀身亡，稷下学宫惨遭浩劫，被迫停办。

（4）复兴阶段

齐襄王复国以后，采取了一些措施恢复和延续稷下学宫。但由于当时齐国已元气大伤，即使这时学宫仍在，而且荀子复归稷下学宫，三次担任学宫祭酒（学宫首领），稷下学宫亦远不如往昔。

（5）衰亡阶段

稷下学宫的衰亡大约与齐国的灭亡同步。襄王死后，齐王建即位，权力由其母君王后执掌。由于当时齐国国势渐衰，国内政治混乱，尽管稷下学宫还存在了一段时间，但已毫无生气。齐王建在位44年，无所作为，国势日衰，无力使稷下学宫"复盛"，学宫失去了对文学游士们的吸引力。前221年，秦军从燕南下攻齐，虏获齐王建。随着齐国的灭亡，稷下学宫也成了历史的陈迹。

2. 稷下学宫的功能和性质

（1）稷下学宫具有政治咨询、参政议政功能，是"田齐"政权的"智囊团"

稷下学宫的兴办与发展适应了田齐统治者的需要，而且被稷下学宫吸引来的稷下学者们大都具有积极参与现实以建功立业的思想。通过文献还可看出，稷下学者们主要扮演了四种政治角色。一为谋士。一方面，作为谋士的稷下学者们为田齐统治者争雄称霸大造舆论，扮演了政治智囊团的角色。如稷下黄老之学就是适应田齐取代姜氏的政治需要而形成的，因而它从一开始就受到田齐统治者的支持和利用，且在稷下学宫中势力强劲。《史记·孟子荀卿列传》说："慎到，赵人。田骈、接子，齐人。环渊，楚人。皆学黄老道德之术。""慎到著十二论，环渊著上下篇，而田骈、接子皆有著焉。"再如，在著名的王霸之辩中，管仲学派主张王霸并举，而且认为"霸王者有时"，"以备待时，以时兴事"（《管子·霸言》），即实行王道还是实行霸道，要针对具体情况而定，并提出"明一者皇，察道者帝，通德者王，谋得兵胜者霸"，对田齐统治者称王称霸提出了明确的道德要求。可见，管仲学派的王霸学说具有极强的针

《稷下会客图》 汉代画像石

对性和经世色彩。另一方面，作为谋士的稷下学者还多次与齐王讨论政事，甚至参与处理齐国国家大事。如宣王曾向孟子请教齐桓晋文之事，多次讨论，以探求统一天下的途径，孟子也曾向宣王建议实行"仁政"。宣王还向尹文咨询人君之事。邹忌从稷下学宫走上仕途，官至齐相，并成功实施了其法治思想。他"以鼓琴见威王"，用鼓琴的节奏来说明治国理民的道理，得到威王赏识，"三月而受相印"。之后，邹忌辅佐威王整饬吏治，"谨修法律而督奸吏"。在他的帮助下，威王整饬吏治，改革弊政，"朝诸县令长七十二人，赏一人，诛一人"（《史记·滑稽列传》），数年间，齐国国力渐强。

二为外交官。稷下学者们还在重要关头奉齐王之命，出使他国，肩负外交重任，如"邹衍过赵言至道"。再如淳于髡曾"为齐使于荆"，并在"楚大发兵加齐"时，受齐王之命"之赵请救"，"赵王与之精兵十万，革车千乘。楚闻之，夜引兵而去"。又如鲁仲连射书解聊城之围，不战而屈人之兵。这些都体现了稷下学者们临危受命，对齐国外交做出了重大贡献。

三为谏臣。学者们常以不同形式讽谏君侯，甚至会当面抨击和匡正国君和官吏的过失。他们说威王、谏宣王、劝闵王、规襄王，上说下教，从而使议政具有极强的现实针对性。如在"百官荒乱，诸侯并侵，国且危亡，在于旦暮，左右莫敢谏"的情势下，淳于髡说之以隐，劝喻齐威王"不鸣则已，一鸣惊人"，还以隐语谏威王，使其罢

"长夜之饮"。在"齐欲伐魏"的关键时刻，他又及时以犬兔相逐、农夫得利的寓言向齐王陈明出师的不利因素，从而阻止了齐王的一次错误行动。此外，稷下学者们还向执政大臣提出自己的政治建议。如淳于髡以"微言"说齐相邹忌，敦促其变法革新。

四为荐官。稷下学者们还积极向齐王举荐人才。如《说苑·臣术二》记载："忌举田居子为西河而秦梁弱，忌举田解子为南城，而楚人抱罗绮而朝，忌举黔涿子为冥州，而燕人给牲，赵人给盛，忌举田种首子为即墨，而于齐足究，忌举北郭刁勃子为大士，而九族益亲，民益富。""淳于髡一日而见七人于宣王"（《战国策·齐策三》），王斗督促宣王"举士五人任官，齐国大治"（《战国策·齐策四》）。可见，稷下学者在为田齐政权源源不断地输送人才方面发挥了积极作用。

由上可知，稷下学者在干世主方面发挥了实实在在而又多样的作用，凸显了强烈的参政议政意识，以及关心时政、积极入世的精神，彰显了"以平治天下为己任"的强烈社会责任感，并以实际行动演绎和诠释了经世致用精神。

（2）稷下学宫具有学术研究功能，是战国时期的"社会科学院"、全国的学术研究中心

稷下学宫是一个有组织、聘任和俸禄制度的学术研究中心，具有学派并立、平等共存，百家争鸣、学术自由，求实务治、经世致用等多个特点。稷下学宫不仅使百家争鸣进入全盛时期，使齐文化得到了空前繁荣，带动战国文化进入黄金时代，而且在学术争鸣中，形成了各具特色的理论体系，直接或间接地影响了战国以后的许多学派的形成和发展。秦以后的思想、学术、文化，几乎都可以在稷下学宫找到发端。可以说，稷下学宫是中国文化发展史上的一座里程碑，其在世界文化史上也占有相当重要的地位。

（3）稷下学宫具有教育功能，它培养人才、传播文化知识，是世界上最早的官办大学

首先，稷下学宫有规模宏大的校舍，《史记·孟子荀卿列传》记载，"开第康庄之衢，高门大屋，尊宠之"，可以看出校舍建在交通要道旁，并且相当宏伟壮观。

其次，稷下学宫开展的是较正规的教学活动。孟子曾经先后两次来到稷下学宫，孟子第二次到稷下学宫时，正值宣王时期，每当他出门时，"后车数十乘，从者数百人"；有"稷下之冠"之称的淳于髡也有"诸弟子三千人"的说法；田骈在齐国"訾

养千钟，徒百人"。宣王时，稷下学宫的师生数量多达"数百千人"，师生济济一堂，场面非常热烈。

再次，稷下学宫有较严密的规章制度。游学是稷下学宫的教学方式之一。学生可以自由来稷下学宫寻师求学，老师可以在稷下学宫招生讲学，即给予学与教两个方面充分的自由。当时的游学形式既有个体游学，如荀子年方15岁就曾游历稷下学宫，也有团体游学，如孟子"后车数十乘，从者数百人"，淳于髡也有"诸弟子三千人"。这些开放、自由的游学方式，使学士们开阔了眼界，也打破了私学界限，让四方游士、各国学者纷至沓来，不仅推动了各种学说的发展和新学说的创立，而且大大促进了人才的培养和成长。

（二）百家争鸣

百家争鸣是指战国时期学术界互相辩争的局面和风气。在中国历史上，春秋战国是思想和文化最为辉煌灿烂的时代，也是一个群星闪烁的时代。这一时期出现了诸子百家彼此诘难、相互争鸣的盛况空前的学术局面，在中国思想发展史上占有重要地位。据《汉书·艺文志》的记载，诸子百家数得上名字的一共有189家，4324篇著作。其后的《隋书·经籍志》《四库全书总目》等则记载诸子百家实有上千家。但流传较广、影响较大、较为著名的不过十家，归纳而言只有十家最终发展成学派。

稷下时代，是一个思想大解放的时期，政治上全国既未统一，思想文化领域更不可能有公认的圭臬和定于一尊的权威。众多学者都从自己的立场和倾向出发，积极探求现实社会的出路。由于看问题的角度不同，解决问题的方法各异，竞长论短，争论不已便成为当时常见的景象。这种风气也促进了稷下学宫在学术上百花齐放、百家争鸣繁盛局面的形成。当时活跃在稷下的各家各派，基本上包含了先秦时期的主要思想。稷下学宫在其兴盛时期，几乎容纳了当时的各个学派，如儒家、道家、墨家、法家、名家、阴阳五行家、小说家、杂家等学术流派，汇集的天下名流多达千余人。在学术界公认的稷下学者中，荀子、宋钘、尹文、鲁仲连、田巴、貌说、邹奭等，几乎都到过稷下，他们当中既有齐人，也有邹人、赵人、楚人、宋人等。司马迁描述当时的盛况说："宣王喜文学游说之士，自如驺衍、淳于髡、田骈、接予、慎到、环渊之徒七十六人，皆赐列第，为上大夫，不治而议论。是以齐稷下学士复盛，且数百千人。"（《史记·田敬仲完世家》）他们或讲学，或著书，或游学，或争辩，或议论，在各家并立的格局中，为了求得自身的存在与发展，相互之间展开了激烈的学术争论，形成了蔚为壮观的百家争鸣盛况。

1. 百家争鸣的主要代表学派

（1）道家

在稷下学宫中，尤其在其前期发展过程中，稷下道家居于优势地位。稷下道家的重要特点是融合了各家学派思想。稷下道家分两派：一是将道家思想与法、儒、刑、名、阴阳等派学说进行融合，形成的以"因道全法"为基本特点的新道家——黄老学派；二是以宋钘、尹文为代表的学者从道家的立场出发，兼采儒、墨，形成的宋、尹学派。

（2）阴阳家

阴阳家，是战国时期提倡"阴阳五行"学说的流派，代表人物有邹衍等。这一学派运用"五行全胜"理论来解释自然、社会历史现象。这一理论不论在当时，还是对于后世，都产生了广泛而深远的影响。

（3）法家

齐法家是稷下的一个重要学派，但随着政治形势的变化和现实斗争的需要，其法治理论与道家、儒家逐渐融合，变为道法并提，引道入法，这与秦、晋法家是不同的。其主要代表人物有田骈、慎到等。

（4）儒家

孔子死后，儒家思想依然非常活跃。战国时期的思想界仍是"儒分为八，墨分为三"。稷下的儒家前有孟子学派，后有荀子学派，都是影响极大的。这些变化发展充分体现出他们对诸子各家思想的融合吸收。稷下儒家的后期，以儒学为基础，援法入礼，儒、法融合，构成了孙氏之儒的主要特色。

（5）名家

随着百家争鸣的出现和人们认识的发展，战国中期出现了一批致力于名词、概念、语义的分析，着意于名实问题的研究，侧重探讨思维形式和规律的学者，后人称之为"辩者"或"名家"。主要代表人物有惠施、公孙龙、儿说、田巴等。儿说和田巴是稷下学宫名家学派的主要代表。

（6）管仲学派

战国时期，齐国成为中国历史上第一次思想解放运动和百家争鸣的策源地，继承弘扬管仲思想的一批稷下先生形成了管仲学派。该学派以发挥和发展管仲的治国理论为旨归，是战国时期齐国稷下学宫中力量最强大的学术派别。它由该学派奠基人，春秋时期齐国名相管仲及齐国推崇管仲的历代学者构成，并受到齐国统治者大力扶持，对齐文化的繁荣和发展起到了积极的推动作用。其思想主要包括六个方面：一是在产业战略、政策上提倡"以农为本，本末并举"；二是在财税管理上大力改革农业税收形式，工商税则注意"寓税于价""与之为取"；三是在金融流通方面充分发挥货币的宏观调控作用，运用轻重之术，调控国家经济、充实国家财政；四是在对外贸易方面，要因时而动，热情服务；五是在消费支出方面，提倡特殊情况下的"侈靡"，即扩大消费，以刺激生产；六是兼重法教。

另外，稷下学宫中还有墨家、农家、兵家、纵横家等学派。正是由于各家各派并立，相互辩难争鸣，稷下学宫才成为当时学术发展、繁荣的中心。

2. 主要辩题

稷下的百家争鸣，既有学者间的理论探讨，也有学者与后生的对话；既有相互尊重、平等相待、悉心求正的学术研讨，也有各抒己见、据理力争、互不相让、咄咄逼人的思想交锋。总体上说，稷下学者主要围绕以下学术问题展开讨论。

（1）王霸之辩

所谓"王道"，指依靠道德礼教实行仁义，经仁义教化征服天下；所谓"霸道"，指仗恃国家实力的强大称霸诸侯，以武力征服天下。战国时期，社会处于激烈的动荡与变革之中，中国走向统一的大趋势已显露端倪。怎样实现由乱到治、由分裂到统一，是实行王道还是霸道，稷下学者对此展开了大争论。孟子明确主张重王道轻霸道。他认为，"以力假仁者霸"，"以德行仁者王"。他反对霸道，认为"以力服人者，非心服也"；主张王道，因为这是"以德服人，中心悦而诚服也"。荀子虽然崇尚王道，但面对当时盛行霸道的现实和对齐文化的吸收，也谈霸道。他主张在王霸并容的前提下，以王道为本。管仲学派主张王霸并举，是实行王道还是霸道，要依具体情况而定，即"霸王者有时"，"以备待时，以时兴事"。管仲学派认为，"强国众，合强以攻弱，以图霸；强国少，合小以攻大，以图王"。可见，管仲学派的王霸学说更适合当时的形势，更具现实性。

（2）义利之辩

义利之辩是稷下学宫中百家争鸣的一个很普遍的辩题。孟子继承了孔子"君子喻于义，小人喻于利"的思想，把义和利绝对对立起来，认为追求利必然损害义，为了保全义，要"舍生而取义"，"二者不可兼得"。荀子把义利关系与社会现实联系在一起，他认为人们对利的追求具有合理性，是人的本性，但认为这种追求要有一定的度，不能放纵，否则就会导致社会混乱。荀子认为，要用礼义制约人们的物质欲望，教育人们"先义而后利者荣，先利而后义者辱"，反对"唯利之求"。这样做，国家就会平治，反之，则会出现乱世。管仲学派对义利关系的看法是义利并重。讲礼义教化，不忘记物质利益的激励功能；讲物质利益，也不忘记礼义教化的引导作用。二者相得益彰，相辅相成。

（3）天人之辩

天人之辩，首先回答的是天是什么，再回答天与人的关系如何。稷下各学派围绕天与人进行了交流与争鸣。孟子认为，天是人事的最高主宰，天命具有至高无上的权威。在孟子看来，人的降生、事业的成败、帝王的权位、天下的治乱，都是天的指令。实际上，孟子是将天看成一个至高无上的无所不能的精神性的实体。由此，他沿着"尽心、知性、知天"的思维模式和认识路线，建构了"天人合一"的唯心主义哲学体系。荀子认为，天就是自然界，其运行变化是有规律的，这种规律不以人的意志转移，即"天行有常，不为尧存，不为桀亡"。荀子还认为，人是天下最珍贵的，人是自然的一部分，并且不是普通的一部分，而是特殊的一部分。荀子基于对天人关系的唯物主义认识，提出了"明于天人之分""制天命而用之"的光辉思想。管仲学派对天人之辩的回答也是唯物主义的，而且更现实，比如《管子·度地》从改造自然的具体实践中认识天人关系，将能根除水、旱、虫等五种灾害看成是人能主宰自然界。

（4）人性善恶之辩

稷下学宫中，关于人性的善恶之辩，主要有三种代表性看法。孟子认为人的本性是善的，因为"人皆有不忍人之心"和生来就具有仁、义、礼、智四种善端。至于人做了不善的事，不是因为其本性不善，是由于他自己没有把握自己，而被形势左右。告子将人性比作水渠中的水，让它向什么方向流它就向什么方向流。人性的善端，不是生而就有的，是靠后天的教育和社会环境的熏陶而形成的。荀子认为人的本性是恶的。他认为人性中，最能支配人类行为的是人的好利恶害之情，而好利恶害发展的结果，往往导致尔虞我诈、巧取豪夺等不道德行为的产生，所以说人性是恶的。但他同时认为，这种恶的人性，如经过后天的学习教育，并得到"人性"的改造，就可以使人做出善的行为。

此外，稷下先生们还围绕世界本原、名实等问题展开了激烈的学术论辩。激烈的学术论争，不仅开阔了人们的视野，丰富了人们的知识，提高了人们的思维能力，还使各家各派在吸收他人之长的基础上，形成了"融合发展""平等自由""兼容民主"的学风。因此，稷下学宫产生了以邹衍和荀子为代表的一大批"集大成"的思想家，更促进了我国思想文化的繁荣与发展。

（三）关于稷下学的评价

首先，稷下学是中国历史上第一个思想大解放和学术文化大繁荣黄金时代的重要标志。

战国时期，伴随着社会的大动荡、大变革，意识形态领域出现了中国历史上第一个思想大解放、学术文化大繁荣的黄金时代，各种学说、流派雨后春笋般应运而生，形成了亘古未有的百家争鸣的局面，其重要标志就是稷下学宫的设置及其取得的辉煌成就。正如郭沫若在《十批判书》中所说："这稷下之学的设置，在中国文化史上实在是有划时代的意义……发展到能够以学术思想为自由研究的对象，这是社会的进步，不用说也就促进了学术思想的进步。""周秦诸子的盛况是在这儿形成了一个最高峰的。"

稷下学宫是战国时期百家争鸣的著名阵地，是当时的文化中心。由于齐国政府提供了优厚的待遇和开放包容的言论环境，故而吸引了诸子各派学者来齐国稷下学宫进行学术研究与交流，先秦时期所谓的九流十家大都到过稷下学宫参加百家争鸣。通过论辩争鸣，各家各派之间有批判、有继承，也有发展，促进了思想认识的深化和学术理论的繁荣发展，从而使百家争鸣达至鼎盛。有人说齐学孕育百家，即说诸子百家大都受到齐学的熏陶和影响，而这种熏陶和影响也主要是在稷下学宫的百家争鸣中实现的。况且，诸如黄老学派、阴阳五行学派等也是培植于齐、发育于齐、昌盛于齐的。

其次，稷下学是中国文化发展史上的一座里程碑，不论在当时还是对后世都产生了广泛和深远的影响。

稷下学宫的建立及繁荣，特别是因为它具有的政治咨询的性质，故为各国统治者所仰慕，以至于争相效仿，于是产生了燕国的下都学馆、楚国的兰台学宫，以及平原君门馆、春申君门馆、吕不韦门馆、孟尝君门馆。这些学馆和门馆之规模及影响，虽不如稷下学宫，但对发挥士人的学识与智慧、促进学术文化的交流与繁荣，也产生了一定的作用。例如，燕昭王在下都学馆内筑高台而置黄金于其上，用于招徕各国士人。此高台被称为黄金台，因黄金台建于学馆内，故下都学馆又被称为黄金台学馆。燕昭王对士人表现出极大的尊重，他卑身厚币以招贤者，于是"乐毅自魏往，邹衍自齐往，剧辛自赵往"，一时间，"士争趋燕"。

稷下之学的繁荣，不仅奏出了一曲百家争鸣的智慧欢歌，而且下启秦汉，成为秦汉时期我国学术的导源。荀子是先秦时期一位集大成的思想家，而他的思想体系又是在稷下建立的，并成为稷下之学的缩影。汉代经学源于荀学，自然就与稷下之学有直接的联系。

汉初黄老之学盛行，而黄老之学发祥于齐，兴盛于齐。在稷下学宫中，黄老学派的影响巨大，言黄老者不乏其人，秦灭齐之后，黄老学者与其他稷下学者各自散去，其中一部分隐居于今山东高密一带。后经过河上丈人、安期生、毛翕公、乐瑕公、乐臣公、盖公等人的代代相传，到曹参为汉齐相时，曹参以盖公为师，用黄老之学治理齐国，齐国安治，曹参被"大称贤相"。及曹参升任汉相，仍行黄老之治，政绩卓然。因此黄老之学倍受推崇，再度勃兴。《隋书·经籍志》说："汉时，曹参始荐盖公能言黄老，文帝宗之。自是相传，道学众矣。"《史记·外戚世家》也谈道："窦太后好黄帝、老子言，帝及太子诸窦不得不读《黄帝》《老子》，尊其术。"因窦太后的缘故，文帝割爱申韩刑名之学，景帝不任用儒者，而独尊黄老之学。《史记·儒林列传》记载，窦太后推崇黄老之学不遗余力，对反对者，则毫不留情地予以打击。辕固生便因此获罪于窦太后，被罚到猪圈里去刺野猪。由此可见黄老之学在汉代影响之巨。

总之，稷下之学在中国文化发展史上树起了一座丰碑，它承前启后，总结了我国先秦时代的文化成就，开创了百家争鸣的一代新风，促成了中国历史上第一次思想大解放、学术文化大繁荣的黄金时代的到来；同时，稷下之学开启秦汉文化发展之源，对秦汉及以后文化的发展与繁荣产生了深远影响。

| 思考题 |

1. 齐国的科学技术取得了哪些成就？

2. 试述管仲改革对齐国经济制度的完善情况。

3. 稷下学宫的主要功能是什么？

第六章

齐文化在今天

第一节　齐文化与治国理政

齐文化作为中华优秀传统文化的重要组成部分，其中蕴含着丰富而深刻的治国理念，如"因俗简礼，强国富民""废私立公、举贤尚功""务实开拓、创新发展""居安思危、节欲禁奢"等。深入挖掘其丰富内涵，对于当今治国理政有着重要的借鉴意义。

一、因俗简礼，强国富民

（一）因其俗，简其礼

姜太公封齐之后，在对待夷地风俗方面，并没有采取鲁公伯禽"变其俗，革其礼"的办法，也不完全照搬周礼，而是采取了"因其俗，简其礼"的以当地民俗民意为主的务实方针。民俗具有相对稳定性，是长期延续形成的，不是一朝一夕能改变的。这种明智、务实的做法，尊重顺应了当地人的风俗习惯，得到了当地百姓的拥护。这也是立于滨海草莱之地的齐国之所以比地理条件更为优越的鲁国发展得快的根本原因。

（二）四民分业定居

"四民分业定居"，是将社会群体分为士、农、工、商四大类，按各自从事的职业聚居在固定地区的一种经济发展政策。管仲认为将四民分业定居，使其不"杂处"，按职业"群萃而州处"，可以使"少而习焉，其心安焉，不见异物而迁焉，是故其父兄之教不肃而成，其子弟之学不劳而能"，然后可以做到"士之子恒为士""工之子恒为工""商之子恒为商""农之子恒为农"（《管子·小匡》）。这在保持社会秩序稳定和延续的基础上，能使各行各业实现职业化、专业化、标准化。各行各业的人在各自的聚居地子承父业、相互交流，既能专注和安心从事本职工作，又能在传承和交流中提高专业技能和智慧。

（三）勤俭建国

晏婴对齐地民俗理论既有继承也有变革。一方面，晏婴发扬传统，向齐景公提出了"一民同俗"的重要策略，认为王教民的方法在于尊重民习、顺应民俗。另一方面，他又根据齐之民俗现状做了诸多因地制宜的改革。如针对当时齐国虽无积蓄，却仍要保持华服、丽室、豪居的世风，主张尚节俭、尚清廉、尚礼让谦恭。在晏子的极力倡导和身体力行下，齐国的社会风气大为好转。

（四）民富国强

春秋时期，管仲辅佐齐桓公推行一系列改革措施，使得齐国逐步民富国强。正如《管子·治国》所言："凡治国之道，必先富民，民富则易治也，民贫则难治也……是以善为国者，必先富民，然后治之。"到战国时，齐国的商品经济已经相当发达，其首都成为远近闻名的商业大都市："临淄之中七万户……临淄甚富而实，其民无不吹竽鼓瑟，弹琴击筑，斗鸡走狗，六博蹋鞠者。临淄之途，车毂击，人肩摩，连衽成帷，举袂成幕，挥汗成雨，家殷人足，志高气扬。"（《史记·苏秦列传》）

《廉治、孝治天下》 版画 戴正生、黄静创作

二、废私立公，举贤尚功

在倡导法治、举贤尚功方面，我们今天依然可以从古老的齐文化中汲取营养。

（一）贵法、守法

从姜太公到管子再到稷下学者慎到和尹文等，自君王重臣到学者名士都很重视以法令、法规来治理国家。文王曾经询问太公，治理国家最重要的是什么？太公认为，是法令自上而下的推行。法令畅行，则行政畅通，行政畅通，老百姓就可获利，百姓获利，君王的德行便得以彰显。如果君王不取法天地只迁就顺从世俗好恶，颁布的法令则必然导致混乱。太公还进一步分析，不以法来推行法度则国事没有常规；法度不用法的手段推行，则政令不能得以贯彻；君主发令而不能贯彻是因为政令没有形成强制性的法律；成为强制性的法律而不能贯彻，是因为起草政令不慎重；慎重而不能贯彻，是因为赏罚太轻；赏罚重而不能贯彻，是因为赏罚不够信实；信实而不能贯彻，是因为君主不能以身作则。所以说，禁律能够管理约束君主自身，政令自然就可以行于民众。在这里，太公从正反两方面说明用法令、法规来治理国家是关系国家安宁的根本措施。而管子则以生动的比喻来说明君王必须以法令、法规治国："规矩者，方圆之正也。巧者能生规矩，不能废规矩而正方圆；圣人能立法，不能废法而治国。"此外，以慎到、尹文为代表的黄老学派学者，亦普遍持"据法倚数""以法定治乱"的思想。

（二）赏罚无私、公正

《群书治要·管子治要》引录了管子赏罚无私、公正的思想，大意是说：法度，是君主用来制天下而禁奸邪的，是用来统治海内而事奉宗庙的。私意，是可以产生祸乱、滋长奸邪从而危害公正原则的，也会因此蒙蔽君主，丧失正道而导致危亡。法度得以施行则国治，私意泛滥则国乱。英明的君主，即便面对自己心爱的人，无功也不赏；即便是自己厌恶的人，无罪也不罚。要按照法度规程来检验得失，与法度无关的事是不用留意的。所以先主治国，不在法度之外浪费心机。又记载：明君治国，总是根据恰当合适的原则，执行正确的道理。所以对于当赏的，群臣不得推辞；对于当罚的，群臣不敢逃避。赏功罚罪本来就是为天下兴利除害的。杂草不铲除，就会危害庄稼；盗贼不惩治，就会伤害良民。如果放弃公法而行私惠，那就等于便利奸邪而助长暴乱。因为行私惠而赏了无功的人，就等于让人民贪图侥幸而谋求向上讨好；为行私惠而赦免了有罪的人，就等于让人民轻慢君主而轻易地为非作歹。弃公法而行私意，有道明君是不肯这样做的。所以这就是：不在法度内私行小惠。

晏子主张"诛不避贵，赏不遗贱"，"刑罚中于法，废罪顺于民"，并指出这是古之圣君的作为。可见，赏罚以法为准而除私意有重要意义，亦阐明了废私立公对治国安邦的重要作用。

（三）举贤尚功

举贤不避卑贱，尚功多由业绩，靠人才建功立业，靠人才兴国安邦，是太公以来齐国一贯秉持的国策。建国之初推行的尊贤尚功思想，一举打破了以血缘关系为基础的尊尊亲亲传统，体现了齐国统治者的进取性、开放性和务实性，深得人民拥护，效果显著。管仲极力主张选贤任能，要求打破等级观念，提拔社会底层的优秀者为士。他明确指出，提拔重用人要看工作实绩，而非一些人的赞誉；处罚一个人要依据他的实际罪行，而非别人的诋毁。晏婴则提出"举贤以临国，官能以救民"，并且认为"有贤而不知""知而不用""用而不任"是国家的"三不祥"。战国时期，齐威王以布衣之士邹忌为相，以刑余之人孙膑为军师，以赘婿出身的淳于髡为卿，都是"尊贤"传统的延续和体现。而封稷下学宫中七十六贤者为上大夫，并以高门大屋、丰厚俸禄尊崇之，正是依靠这样的优越环境和悠久传统，齐国才能人才济济，国力强盛，美名远扬。

三、务实开拓，创新发展

齐国自建国之后的八百年间，其政治、经济、文化等各方面均体现了因地制宜的务实性、敢为人先的开拓性以及追求卓越的创新性。

（一）遵循规律，因地制宜

自然环境是人类社会赖以生存和发展的必要前提，遵循自然规律，因地制宜，合理利用自然资源，人类才能与自然和谐共生。回顾齐国的历史，太公、管仲、晏婴等名君贤相都是这样做的。

太公虽然以首功封于齐，但当时齐国的自然环境并不好，甚至可以说十分恶劣，"负海潟卤，少五谷，而人民寡"，土地盐碱化严重，不利于农业生产。但是，有弊就有利，齐国因濒临大海，有丰富的鱼盐资源，土地虽然贫瘠，但适合桑麻生长，民众擅长植桑养蚕并且好"女功"，因此手工业较为发达。根据这些情况，太公制定了"通商工之业，便鱼盐之利"的经济发展方略，大力发展鱼盐生产和手工业、商业。这种扬长避短、充分发挥当地自然优势的做法取得了很好的效果。齐国"农、工、商"并举，鱼盐流通全国，最终"冠带衣履天下"，齐国由偏僻荒凉的小国、穷国发展为雄踞东方的大国、富国。

管仲继承和发展了太公因地制宜的务实思想，进一步提出了"尽地利"的观点，即根据土地的实际情况，合理分配使用土地资源，在土地资源有限的前提下，实行精耕细作，努力提高土地的投入产出率。在对待自然资源的问题上，管仲还非常超前地提出了节约资源、保持生态平衡的观点，即"禁发有时"。

（二）创新发展，追求卓越

太公建国之初，结合齐地的自然条件和人文基础，创造性地提出了三大基本国策，文化上"因其俗，简其礼"，经济上"通商工之业，便鱼盐之利"，政治上"尊贤尚功"，使齐国迅速强盛起来，从遍地盐碱的不毛之地变成了膏壤千里、民富国强的东方大国。

管仲任相时，周王室衰微，地方诸侯势大，社会礼坏乐崩，诸侯服从周王室的规矩被打破，周天子的权威遭到挑战。北方、西方的少数民族疯狂劫掠华夏民族，北方各国处境危险。管仲从天下大局出发，顺应时代要求，创新政治策略，提出了"尊王攘夷"的口号并积极施行，最终使齐国实现了"九合诸侯，一匡天下"的伟业。另外，管仲推行的"四民分业定居"政策，为各行各业尤其是工商业的发展提供了稳定的人才来源。一时间子承父业，大家相互模仿学习，齐国"工盖天下，器盖天下"。总之，齐国立足实际，因地制宜，打造精工良器，追求卓越一流的做法，可为当今中国工业发展以及"中国制造"水平的提升，提供有益借鉴。

四、居安思危，节欲禁奢

一个国家、一个民族若要长盛不衰，就一定要有居安思危、未雨绸缪的意识，要勤俭节约、戒骄戒奢。

（一）安而不忘危

当政者如何才能保持国家的长治久安，是代代明君贤相都很关注的问题。晏子就曾以先君齐桓公重用易牙、开方等小人而惨死的事例，向齐景公说明为政者善始敬终的重要性。齐桓公"行远征暴，劳者不疾，驱海内使朝天子，诸侯不怨"，但到了后来由于"怠于德而并于乐，身溺于妇侍而谋因与竖刁，是以民苦其政，而世非其行，故身死胡宫而不举，虫出而不收"。晏子以齐桓公善始而不得善终的历史教训警告齐景公要任贤、爱民，否则也会不得善终。《管子·治要》中有一个"勿忘在莒"的典故，这个故事告诉人们，任何时候取得成功，都不要妄自骄傲，要牢记创业之艰，治不忘乱，安不忘危，乐不忘忧，这样才能获得事业的长久发展。

（二）富且倡导廉

姜尚、管仲、晏婴这些贤相都从前代的灭亡中吸取了教训，倡导廉政。《六韬》指出，当政者清正廉洁与否与国家兴亡有直接的关系，同时还否定了国家的兴亡在于天命的观点。如果当政者残暴昏聩，荒淫无度，再好的天命也会出现危机，最终导致"人亡政息"。管仲则把国家的兴亡与"礼义廉耻"辩证统一起来，且把"廉"列为治国之要，突出强调"廉"的重要性。晏婴则认为，廉洁是为政的根本，礼让是道德的关键。廉洁从政就叫作公正，待人礼让就是保全了德行。

国家兴盛必实行廉政，廉政必以民为本。国家的兴亡在于民心的向背，廉政的核心在于重民心、民力、民生。齐文化中的危机意识、廉政思想，爱民、节俭、奖惩、纳言、选才等重要内容，经过不断地发展和完善，为后人所发扬光大，对今天所提倡的领导干部为政要廉洁仍有十分重要的借鉴意义。

总之，博大精深的齐文化有如一道文化盛宴和精神大餐，可以为治国理政提供丰厚的滋养，更需要我们不断深入挖掘，赋予其新的时代内涵。同时，要真正做到古为今用、推陈出新，要有鉴别地加以对待，有扬弃地予以继承。

扫码学习
相关内容

第二节 齐文化与社会主义核心价值观

2014年5月4日，习近平总书记在北京大学师生座谈会上指出："社会主义核心价值观把涉及国家、社会、公民的价值要求融为一体，既体现了社会主义本质要求，继承了中华优秀传统文化，也吸收了世界文明有益成果，体现了时代精神。"齐文化是中华优秀传统文化的重要组成部分，它与鲁文化一起，共同构成了中华优秀传统文化的主干。因此，培育和践行社会主义核心价值观可以从齐文化中汲取丰富营养。

一、爱国

所谓爱国，就是在情感上热爱祖国，在言行上忠于祖国，在实际工作中报效祖国。

《管子·大匡》记载了管仲的豪言壮语："夷吾之为君臣也，将承君命，奉社稷以持宗庙，岂死一纠哉！夷吾之所死者，社稷破，宗庙灭，祭祀绝，则夷吾死之。非此三者，则夷吾生。夷吾生则齐国利，夷吾死则齐国不利。"意思是管仲认为，自己生为齐国之臣，死为齐国之魂，其所有的行为都以有利于齐国为目的。自己可以为齐国而死，但绝不为某一个人而死。这段话充分表现了管仲坚持齐国利益至上、忠心为国、一心为公的爱国情怀。

《晏子春秋·内篇杂上第二》记载了晏婴的铮铮誓言："君民者，岂以陵民？社稷是主；臣君者，岂为其口实？社稷是养。"意思是说，做国君不能残害百姓，要以国家利益为上；做臣子不能光为了个人的衣食俸禄，要以国家利益为上。这段话将晏婴忠于国家、廉洁奉公的品质展现得淋漓尽致。

齐文化中关于爱国的故事很多，最典型的有五例。

（一）王蠋殉国

前284年，乐毅攻齐，围画邑（今临淄区桐林田旺遗址）。王蠋誓不降燕，自缢而死。

（二）王孙贾袒右报国

前284年，乐毅攻齐。齐闵王逃亡到卫、鲁、邹，至莒，被楚将淖齿杀死。15岁的王孙贾到莒，在莒县的市场上袒露右臂，显出起义的标志，率四百人杀死淖齿。

（三）田单复齐

前284年至前279年，乐毅攻齐。齐国七十多座城只余两座：即墨和莒。田单守即墨（今青岛平度古蚬镇大朱毛村）。田单与士卒同甘共苦，以离间计除去乐毅，用计使燕军刨即墨人祖坟、割即墨人鼻子，激起民愤；用示弱的办法松懈燕军的戒心，用贿赂的办法麻痹燕将。前279年，他大摆火牛阵，以1000多头火牛、5000名士兵发动夜袭，大败燕军。最终光复了齐国。

（四）田横五百士

秦朝末年，陈胜、吴广等反秦起义，田横等也是反秦的一支力量。前202年，刘邦统一天下，田横不肯称臣于汉，率五百门客逃往海岛。刘邦派人招抚，田横被迫乘船赴洛，在途中距洛阳三十里的地方自杀，誓不降汉。海岛五百部属闻田横死，亦全部自杀。

（五）终军请缨报国

前113年，汉武帝要选择一位能干的使臣出使南越（指现在的广东、广西、南越北部一带）。齐人终军知道后主动请求前往。他向汉武帝请求道："请陛下授我一条长缨（指长长的帽带），如果南越王不肯归顺，我就用这条长缨套住他的脖子把他捉来。"终军说服了南越王，但南越丞相吕嘉极发动叛乱，攻杀南越王及汉使者，终军在战役中被杀，死时年仅20多岁。由于终军是未婚之人，所以人们也称他为"终童"。

二、敬业

所谓敬业，即从内心热爱自己的职业、工作；行为上恪尽职守、认真负责、勤奋扎实。春秋时期，齐国政府对各行各业提出了明确的职业要求，也就是对各行各业的"敬业精神"进行了规范。《管子·小匡》记载，国家认为士人应加强道德修养，在义（崇尚公义）、孝（孝顺父母）、敬（对长辈要尊敬）、爱（对晚辈要爱护）、弟（对兄弟要友善）这些方面多做表率；要求农民储备好农具、深耕细作，对农事要竭尽全力；要求手工业者准备好良好的原料、保证产品质量、改进工艺技术；要求商人及时了解市场信息、保证供应，要不怕辛苦。对士农工商提出的总要求是"不见异思迁"，即立足自身岗位，安心本职工作，勤勤恳恳、任劳任怨，为国家忘我地劳动。

齐文化中关于敬业的故事非常多，下面仅举两例。

一是晏婴、田穰苴夜拒君宴的故事。《晏子春秋》记载，一天晚上，齐景公在宫里喝酒之后，又跑到晏婴家里想继续喝，但被晏婴严词拒绝。景公后又去田穰苴家，也被田穰苴婉言相拒。晏婴、田穰苴之所以敢拒绝君主一同享乐的要求，是因为他们一心为公，一心为国，有职业操守，爱国敬业。

二是齐太史秉笔直书的故事。太史，在古代大多是记录史实的官员。前548年，齐国大臣崔杼杀死了齐庄公。齐太史如实记录，在史书上写下了"崔杼弑其君"。崔杼恼羞成怒，杀死了齐太史。齐太史的二弟和三弟恪守史官职业道德，继续照实书写，结果先后被崔杼杀死。在三个哥哥的影响下，齐太史的四弟继续秉笔直书。崔杼没有办法，只好让他写。齐国的另一个史官南史氏听说齐太史兄弟的事迹后，仍执简以往（拿着竹简前去），做好了慷慨赴死的准备，直到看到齐太史四弟把史实写出来才回去。齐太史兄弟和南史氏不畏强权、不怕牺牲，其坚持真理、求真务实的追求，充分体现了史官的敬业精神。

此外，从齐国官书《考工记》中针对当时六大类30个工种所制作产品制定的工艺规范、质量标准，从齐国陶器"物勒工名"（指在产品上标记生产者、经营者的姓名地址）的传统，从齐都大量的宫殿、城墙、排水道遗存，从临淄出土的大量精美的青铜器、陶器、玉器上，都可以看出齐人兢兢业业、精益求精、孜孜以求的敬业精神。

三、诚信

所谓诚信，就是待人真诚、恪守信用。在这方面，齐人为后人留下了宝贵的精神财富。

　　齐国的诚信思想肇始于姜太公。他最早提出了诚信治国的理念，认为只有讲诚信，君王才能约束天下、统治天下。也最早提出将诚信作为标准来选拔人才，认为"士不诚信，非吾士也"，主张任用官吏要"取诚信，去诈伪"。春秋时期的齐国名相管仲，继承和发展了姜太公的诚信思想，使齐国的诚信思想逐步走向成熟。管仲认为诚信是立国之本，并提出"中情信诚则名誉美矣"，"贤者诚信以仁之"，"先王贵诚信"，"诚信者，天下之结也"。认为诚信是凝聚人心、使天下人团结一致的精神基础。春秋晚期的齐国贤相晏婴，则把"君臣不信"看作治国的三大障碍之一；把"诚信于朋友"看作人际交往的基本法则；把说话态度诚恳，信守诺言，"与言信"看作取得他人信任的重要条件；把"有信于诸侯"作为齐国外交的首要策略。齐国军事家孙武，则把"信"当作选拔将帅的"五德"之一。孙膑则更深刻地认为"素信者昌"，"将者，不可以不信，不信则令不行……故信者，兵之足也"，把将帅是否对部下诚实守信，看作战争胜败的关键。曾到稷下学宫讲学的儒学大师孟子不仅把诚信视作自然规律，而且把诚信当作规范人们的道德标准。另一位儒家大师荀子更是创造性地发展了孟子"诚"的思想，将"诚信"这一道德概念的内涵扩展到政治领域。他认为，执政者诚实守信，可以使整个社会稳定祥和；而如果执政者喜欢弄虚作假，那么整个社会就会陷入混乱。应该说，齐国政治家、思想家这些关于诚信的精辟论述与深刻见解，在今天仍具有十分重要的理论价值与实践意义，仍值得我们认真学习和借鉴。

　　在国家公信方面，管仲堪称楷模。他曾劝谏齐桓公信守诺言，真诚对待邻国。前681年，齐鲁两国在柯地（齐邑，今山东阳谷、东阿故城）会盟，鲁国司马曹沫（即曹刿）劫持了桓公，要求齐国退还侵占鲁国的汶阳之地。齐桓公答应了。事后，齐桓公想反悔，管仲一再劝谏，最终齐桓公信守诺言，把土地还给了鲁国。柯地会盟使齐桓公诚信仁义的名声大振，各国诸侯听说这件事后，都十分敬服齐桓公，纷纷与齐结盟。

　　在家庭诚信方面，义继母的事迹令人感动。义继母，是战国时期齐国两个孩子的母亲。大儿子为丈夫前妻所生，小儿子为自己亲生。后来，有一起命案与两个孩子有牵连，结果兄弟俩争相认罪。义继母建议齐宣王和官吏让其亲生小儿子以命抵罪，并说丈夫临终之前把大儿子托付给她，她不能违背自己对丈夫许下要好好照顾大儿子的诺言。齐宣王听后大加赞赏，赦免了两个孩子的死罪，并赐她"义继母"尊号，让全国人都学习她。

在人际互信方面，匡章不欺死父、忠诚待君，齐宣王用人不疑、诚信待下的故事，为后人留下了传世佳话。齐宣王时期，匡章让齐军化装成秦军的样子，打入敌人内部。齐国的侦探再三向齐宣王报告，说匡章叛变投敌，但齐宣王始终信任匡章，不予理睬。最后果然不出宣王所料，匡章出奇制胜，战胜了秦军。事后，有人问其中缘由。齐宣王说，出征前他曾答应帮助匡章重新安葬他的母亲，匡章却认为没有得到父亲的遗言就改葬母亲，这是欺负死去的父亲，并以此为由拒绝了齐宣王的好意。齐宣王由此断定，匡章对待死去的父亲尚如此讲诚信，连死人都不欺骗，又怎么可能欺骗活着的君王呢，因此十分信任匡章。

当然，齐人因不讲诚信而亡国、败家，甚至丢掉性命的例子也有。比如齐襄公对待下属言而无信、苛刻暴虐，从而招致杀身之祸。齐襄公让大夫连称、管至父两人戍守葵丘（今临淄区朱台镇高阳故城），说好一年就换防，第二年瓜熟时就可以和妻儿团聚，结果一年之后他变卦了，让二人再守一年，连称、管至父心怀怨恨，与公孙无知联合，最后杀死了齐襄公。

另外，孔子的女婿、齐人公冶长，因为对鸟不讲诚信，结果锒铛入狱；威王时期的阿大夫因为弄虚作假、欺骗上级，结果被威王烹杀；南郭先生滥竽充数最终仓皇逃走。这些反面事例警示我们，在生活和工作中一定要诚信待人、诚信做事。

四、友善

所谓友善，就是为人善良，对人友爱。对父母友善，叫"孝"；对兄弟友善，叫"悌"；对朋友友善，叫"友"；对老师友善，叫"尊师"；对老人友善，叫"尊老"；对孩子友善，叫"爱幼"；对妇女友善，叫"尊重妇女"。

在《晏子春秋》中，晏婴将"君令臣忠""父慈子孝""兄爱弟敬""夫和妻柔""姑慈妇听"作为"礼之经"（礼的常规）；将"君令而不违""臣忠而不贰""父慈而教""子孝而箴""兄爱而友""弟敬而顺""夫和而义""妻柔而贞""姑慈而从""妇听而婉"作为"礼之质"（礼的实质），对人际关系中的友善行为进行了全方位、细致而深刻的论述。

齐文化中不乏人际友善的故事，下面仅举两例以示说明。

（一）管鲍之交

春秋时期的齐国政治家管仲和鲍叔牙友情深厚。早年管仲比较穷，鲍叔牙比较富有，两人合伙做生意，管仲出很少的本钱，分红的时候却拿很多钱，鲍叔牙毫不计较。管仲做过三次官，但每次都被罢免，鲍叔牙认为这不是因为管仲没有才能，而是他没有碰到赏识他的人。管仲参军作战，却临阵逃跑，鲍叔牙没有嘲笑管仲怕死，他知道管仲因为牵挂家里年老的母亲才会退缩。后来，管仲辅佐公子纠，鲍叔牙辅佐公子小白。因为两位公子的哥哥齐襄公无道，两位公子被逼流亡出走，管仲和公子纠逃到鲁国，鲍叔牙和公子小白逃到莒国。内乱平息后，公子纠和公子小白都想回到齐国继承君位。在争夺君位的过程中，管仲曾射过小白一箭，可箭头被小白的衣带钩挡住了，小白侥幸逃生。最终，公子小白和鲍叔牙先回到了齐国，小白继君位，也就是齐桓公。而公子纠和管仲，只好回到鲁国继续避难。随后，鲍叔牙设计借鲁国之刀杀了公子纠，又把管仲"引渡"回齐国。齐桓公为了泄射钩之恨，要杀管仲，却被鲍叔牙制止。在鲍叔牙的多次劝谏下，管仲做了齐国的相。后来，管仲辅佐齐桓公成了春秋首霸，使齐国成为诸侯国中最强盛的国家。可管仲在临死前，却再三嘱咐齐桓公不能让鲍叔牙继承相位。因为他深知鲍叔牙为人耿直，不会融通，而为相是要有容人之量的。势利小人易牙趁机挑拨离间，向鲍叔牙说管仲的坏话，鲍叔牙却认定老朋友管仲对自己非常了解，认为他是出于公心，为国家利益而不讲私情。易牙见挑拨不成，只好灰溜溜地离去。

（二）缇萦救父

淳于缇萦，西汉时临淄（今临淄区）人，是名医淳于意的第五个女儿。前167年，淳于意因得罪权贵，被判以肉刑（残害人肉体的刑罚，如砍脚、剃光头之类），要押解至长安受刑。小女儿缇萦千里迢迢、风餐露宿，陪伴父亲来到长安。到长安后，缇萦冒死入宫上书，替父申冤，并声称愿入宫为婢，以赎父罪。汉文帝刘恒非常感动，下诏免除了淳于意的肉刑。接着又下诏书，在全国范围内废除了肉刑。

此外，在尊师方面，《管子·弟子职》对学生日常尊敬老师的各个细节都进行了详细规定；在尊老方面，齐桓公善待愚公、麦丘老人、间丘先生，注重采纳长者的意见建议，这些义行均为后世传颂；在爱幼方面，齐宣王爱护青少年闾丘卬、子奇的事例可谓典型；在尊重妇女方面，管仲受妾婧启发重用宁戚，晏婴帮助伤槐女、孤逐女，齐威王听从妻子虞姬劝告，齐宣王立丑女钟离春为王后，齐闵王娶宿瘤女为后等故事，至今仍为人津津乐道。

综上所述，社会主义核心价值观不是无源之水、无本之木，而是建立在包括齐文化在内的中华优秀传统文化基础之上的。在当前山东省文化强省战略、淄博市文化名城建设以及临淄区齐文化传承创新示范区核心区建设的大背景下，我们应该多学习、多研究齐文化的丰厚内涵和思想精华，古为今用，去粗取精，将齐文化的宣传普及与社会主义核心价值观的培育践行结合起来，对齐文化进行创新性继承和创造性转化，为中华民族伟大复兴的中国梦提供不竭的精神动力和强大的思想武器。

第三节 齐文化与职业教育

2005年，淄博职业学院组织相关专家经过一年多的研究考证得出结论：山东淄博是中国职业教育的发源地，古代思想家管仲是中国职业教育的奠基人。

一、中国古代职业教育思想产生的原因

中国古代较为全面、系统而深刻的职业教育思想产生于春秋桓管时期的齐国。其产生的原因，主要有以下四个方面。

（一）士、农、工、商地位的提高

齐地有尚勇、尚武的风气，善射、善猎的勇武之美一直是齐人讴歌的对象。这在《诗经·齐风》中可见一斑。

齐国一直有重视工商的传统。齐地近海而地潟卤、少五谷、人民寡，不具备发展

农业的条件，相反因近海而有鱼盐之利，因多山而林木矿产富饶，加之交通便利，姜太公便制定了"通商工之业""便鱼盐之利"的基本国策，从而奠定了齐国滨海工商型的经济模式。

经过长时间的发展，桓管时期的齐国，农业生产已获得较大发展，自然而然便产生了重农思想。正因为尚勇武、重工商传统的发扬和重农思想的产生，士、农、工、商在齐国的地位得到了提升，因而士、农、工、商，尤其后三者的从业人员也就获得了受教育的权利。

（二）齐国社会分工职业化与工种的细密化

春秋前中期，齐国的社会分工已完成其职业化进程，工种也日渐细化，仅手工业就有"百工"，每一工种又分为若干种，这与职业教育细分是密不可分的。

（三）齐国争创霸业的需要

桓管创立霸业需要许多条件，国富、兵强、器利缺一不可。同时，除了强调财、工、器、士等在争霸天下过程中的重要性，教和习也得到了国家空前的重视。

（四）"四民分业定居"社会改革措施的推行

管仲推行"四民分业定居"的社会改革，一是把齐国的民众按照其所从事的职业分为士、农、工、商四大类，各类人员集中定居在由官府统一划定的地区内，即士乡、工乡、商乡和伍鄙内，不得混杂居住；二是各类人员与各自行业所需要的环境相结合，分别处于官府、市井和田野之地；三是除农"其秀民之能士者"外，其他类别的从业人员基本上世代相袭，从事的职业也固定不变。"四民分业定居"的社会改革直接促成了中国古代职业教育思想的形成。

二、中国古代职业教育思想的基本内容

中国古代职业教育思想是管仲为创立霸业而推行的"四民分业定居"社会改革的直接产物。桓管时期齐国职业教育的目标、理念、方式、内容、管理模式及功能，共同构成了内涵丰富、特点鲜明的古代职业教育思想体系。其中的精华思想对发展今天的职业教育依然很有借鉴价值。

（一）职业教育的目标

桓管时期的齐国确立了非常明确的职业教育目标，即培养"诚贾""诚工""诚农""信士"等高层次职业人才，并要求他们既要有高尚的职业道德，又要有高超的职业技术。

（二）职业教育的理念

《管子》讲求人人成才、团结协作，认为不能要求一般民众去做那些只有智者明白而普通人不明白的事，下命令，就要确保人人都有能力做到；同时，要人与人相保，家与家相爱，年少同居住，年长同交游，祭祀互相祝福，死丧互相抚恤，祸福互相关切，居处互相娱乐，行作互相配合，哭泣互相哀悼。

（三）职业教育的方法

《管子》认为职业教育有两种方法，一是由父兄来传授技艺，这样可以达到事半功倍的效果；二是采取乡官训练的方式。

（四）职业教育的特点

齐国的职业教育体现了职业分类、专门实用的特点，如《管子》所说，士人应该多研讨信义、孝道，手工业者应多辨别器用质量、用途，互相交流技术，商人应多调查物资储备情况及价格，并负责将其销往各地，农民应注意检查修理各种农具，适时除草、翻地、耕种，大家各自从事专门的职业。

（五）职业教育的管理模式

齐国建立的是一种设官分职、层级递进的职业教育管理模式，如定全国为二十一乡，其中包括商、工之乡六个，士、农之乡十五个，确定五家为一轨、六轨为一邑、十邑为一卒、十卒为一乡、三乡为一属，各有行政长官，武事听从于属、文事听从于乡，各司其职。

三、《管子》：中国古代职业教育思想产生的源头

《管子》是中国古代的一部重要典籍，其内容涉及政治、经济、军事、哲学等众多领域。《管子》托名管仲但并非管仲所著。《管子》虽非管仲所著，却保存了管仲的政治、经济思想与管仲相齐的历史史料，不仅是研究管仲本人的重要史料，而且是研

究齐文化乃至中国传统文化的重要史料。管仲是春秋时期著名的哲学家、政治家、军事家。管仲相齐，辅佐齐桓公40年，先后采取了一系列富国强兵政策和经济改革措施，使齐国国力大振，成为该时期第一个称霸中原的诸侯国。当时，管仲就已经认识到教育尤其是职业教育的重要性，并将其视为"牧民""治国"的必要手段和重要途径。《管子》一书便集中反映了他的职业教育思想，包含了他对职业教育本质、内容、方式、思路、功能等问题的阐述，可谓中国古代职业教育思想产生的源头。

（一）与社会分工相互依托，强调职业教育的针对性

《管子》认为社会包含多种职业，要有细密的分工，且每人只能攻于一事，不能兼搞多样，做任何工作都必须专才能做好。它主张按不同职业将百姓分为士、农、工、商四大类，按各自的专业聚居在固定的地区，而且各行业的技能世代相传。同时，必须坚持君主、大夫、官长、士人、平民各负其责，各尽其职。

（二）以实践为先，注重技能，突出职业教育的应用性

《管子》对士人、农民、手工业者和商人的生产劳动都有严格的要求，在社会分工的基础之上，强调各自职业技能的熟练程度。认为职业传承不能仅仅依靠说教，还要亲自实践，应以实践为先，注重技能提升，这也突出了职业教育的应用性。

（三）父传子学，乡官训练，体现职业教育方式的多样性

当时的职业教育主要采取家传和世代相继的形式，通过口授和模仿，把技术一代代传下去，成为"世业"。同时，三老、里有司和伍长等乡官回乡后也可指导生产，同时把技术传授给村民。这种以父传子学为主、乡官训练为辅的职业教育模式体现出当时职业教育方式的多样性。

（四）十年树木，百年树人，彰显职业教育的终身性

《管子》认为，比起粮食、树木这些有用之物，人的价值最高，做任何事首先要"得人"。"四民分业定居"政策的实施，使同业相居，减少了相互干扰，便于专业化管理，同时有利于职人相互进行技艺切磋和经验交流，便于较早地培养职业感情，保证了从业人员的稳定性和连续性，以及职业教育的终身性。

（五）富国安民，争霸图强，凸显职业教育的社会性

《管子》认为要富国首先要发展农业、手工业和商业。士、农、工、商都得到国家的支持，而且各司其职、各负其责，国家才能有序高速运转。国家要想富强安定就

要爱民，爱民就得使百姓富足，要富足则要通过开发山林、盐业、铁业，发展商业、渔业等增加财力；而财力增加又可为军队训练提供保障，由此可见民足、兵强、国富是保持社会稳定、国家争霸图强的基础。可以说，大力加强对士、农、工、商的职业教育，是实现国家富强安定的根本，因而职业教育具有强烈的社会性。

四、《考工记》：中国古代职业教育成就的集中体现

《考工记》是战国初期齐国的官书，是中国第一部手工艺技术汇编著作，是闻名中外的古代科技名著。已故科学史家钱宝琮先生曾提出，研究中国的技术史，最早应从《考工记》开始，其次是《天工开物》。今本《考工记》虽仅7100余字，但其科技内容之丰富，信息量之大，在先秦古籍中独树一帜，其中记述了木工、金工、皮革工、染色工、玉工、陶工六大类30个工种（其中6种已失传，后又衍生出1种，实存25个工种）的规范与技术。该书分别介绍了车舆、宫室、兵器以及礼乐之器等的制作工艺和检验方法，涉及数学、力学、声学、冶金学、建筑学等领域的知识和经验总结，是中国古代职业发展及职业教育成就的集中体现。

下面，我们从六个不同角度对《考工记》的内容进行简单介绍。

（一）以"轮人""舆人""辀人""车人"等为代表的制车系统

《考工记》介绍了木制马车的总体设计，并在"轮人""舆人""辀人"条中，详细记载了木车四个主要部件轮、盖、舆、辕的情况。无论是车轮的设计规范、制作工艺，还是检验车轮质量的方法，无不体现了齐国手工技术的精湛。

（二）由"金有六齐"统率的铜器铸造系统，包括"筑氏""冶氏""桃氏""凫氏""栗氏""段氏"等

中国有举世闻名的青铜文化。在冶金方面，不但生产出了许多庄重精美的青铜器，而且探索了制造规律，进行了初步的理论总结。《考工记》中"金有六齐"和"铸金之状"正是其生动体现。

（三）以"弓人""矢人""冶氏""桃氏""庐人""函人""鲍人"等为代表的弓矢兵器、制革护甲系统

由于春秋战国时期战事频繁，兵器制造在手工业中的地位突出，防护装备的制造

也得到了相应的发展。《考工记》中记载了戈、戟、剑、矛、殳、弓和矢等多种兵器的形状、大小和结构特点，其中弓、矢的制作工艺尤为详备。

（四）以"梓人""玉人""兔氏""韗人""磬氏""画缋""钟氏""慌氏"等为代表的礼乐饮射系统

《考工记》记述了玉圭、射侯等礼器，钟、鼓、磬等乐器及悬挂乐器的簨虡，勺、爵、斛、豆等饮器，包括它们的多种设色工艺以及相关的科学知识。这些既是研究先秦社会制度、生活、礼乐等各种情况的参考资料，又是研究古代染色技术和工艺美术设计的重要史料。

（五）以"匠人"为代表的建筑水利系统

"匠人"条记载了夏、商、周三代，主要是周代的都城、宫室的建筑规划，以及沟洫水利设施的情形，并为后人了解井田制的发展留下了宝贵的资料。同时它还记述了以水平法测地平和通过测日影确定方向的原始测量术，这对后世的王城规划和建筑实践有重大的影响。

（六）以"陶人"和"旍人"为代表的制陶系统

《考工记》记述了甗、盆、甑、鬲、庾、簋、豆的形制，书中关于陶瓷工艺所用的笔墨虽然不多，却是先秦文献中最集中的陶瓷史料。其中描述的制陶工具"塼"，其形制用法迄今尚未明了。

中国古代职业教育思想丰富而又宝贵，这些历史财富对我们今天进行教育体制改革仍有许多借鉴之处和新的启迪。特别是今天的职业教育正面临着重要的发展机遇，职业教育在社会中的作用愈加突出，吸收古代职业教育思想中的精华、先进的理念并结合时代特点不断创新，对现代职业教育发展来说是一条可行之路。总体看来，今天的职业教育应积极适应市场，建设职业教育的社会系统工程，积极整合各类职业教育资源，建立覆盖面广、结构合理、高效协调的职业教育网络，坚持终身教育思想和以人为本的发展理念，不断满足社会、行业企业、学生的实际需求，为社会主义现代化建设培养高质量技术人才贡献力量。

第四节　齐文化与工匠精神

扫码学习
相关内容

　　齐文化是中国古代较早产生的独具特色的重要地域文化，是中华民族优秀传统文化的重要组成部分。春秋战国时期，齐国以工商业、手工业立国，同时成为中国职业教育的起源地。桓管时期实行"四民分业定居"，手工业从业人员队伍庞大而稳定，手工艺技得到了空前的发展与提高。该时期的冶铜、冶铁、纺织、制陶及漆器等技术都达到了极高的水平。手工技术典籍《考工记》则代表了当时手工生产技术发展的最高水平。齐国对产品质量高度重视、对技术标准精益求精、对质量问题进行责任追究等要求，对推动今天高职院校的质量文化建设乃至"大国工匠"精神的引领塑造，颇具启发与借鉴意义。

一、注重人才储备，是质量提升的前提与基础

　　齐国素有重视手工业的传统，手工业生产在其经济发展中一直占有重要地位。管仲任相后，在齐桓公的大力支持下，他对工商业、手工业进行了大刀阔斧的改革，其中"参其国而伍其鄙"以及士、农、工、商"四民分业定居"政策，尤其是"工之子恒为工"，使手工业有了稳定的、不断递增的专业人才来源。

　　当下，我国的"人口红利"优势渐趋式微，劳动力成本不断提高，高素质、技能熟练的工人缺口依然很大。学校，尤其是高等职业院校是劳动力再生产的重要单位，担负着将可能的、潜在的劳动力转化为现实劳动力的职责。但不可否认，当前高等职业院校人才培养依然存在"学非所用""学不能用"的现象，如学生就业质量不高、专业对口率偏低。同时，企业却招不到高素质的技能型人才，甚至连一般生产流水线上的操作工人也短缺。一方面现代社会不可能照搬古之"工之子恒为工"，而且如果

没有足够数量的产业工人，没有稳定的人才队伍，加之待遇长期偏低导致缺少吸引力，那么企业的转型升级、技术改造、质量的提升就成了空中楼阁。如何从变革教育结构入手，进一步改善企业工作环境和员工待遇，改变传统社

齐国故城复原图（模型）

会对工业、手工业、服务业的偏见和轻视，向社会源源不断地输送高素质、技能型、技术型人才，是我们急需解决的问题。或许，我们能从悠久厚重的齐文化中找到一些思路。

二、国家扶持与从业者的职业认同感 是质量意识确立的关键与动因

桓管时期，齐国之所以"工盖天下""器盖天下""冠带衣履天下"，与其发达的工业（如冶铁、铸造）、手工业密不可分。《管子·七法》中有如下记载，足见国家对工业、手工业的扶持与重视：

> 是以欲正天下，财不盖天下，不能正天下。财盖天下，而工不盖天下，不能正天下。工盖天下，而器不盖天下，不能正天下。器盖天下，而士不盖天下，不能正天下。士盖天下，而教不盖天下，不能正天下。教盖天下，而习不盖天下，不能正天下。习盖天下，而不遍知天下，不能正天下。遍知天下，而不明于机数，不能正天下。故明于机数者，用兵之势也。

另一方面，齐国的"百工"从业者对各自的职业有高度的认同感，他们精心钻研

行业技术标准和制作流程，产品的质量才有了保障，工艺流程才得以不断完善，技术水平也才不断得到革新与提升。工匠们相聚而居，谈论工事、展示成品、切磋技巧，工艺水平也得到了提高。此外，这种父传子、弟学兄，口耳相传、示范模仿的方式既不需要严厉呵斥，也不需要加倍付出辛劳，是一种优质、高效的手工技艺传授方式。所以，手工业者的家庭成员基本都从事本行业，并代代相传、生生不息，因为能不断累积，所以技术和工艺会得到不断进步和提升。对此，《管子·小匡》记载如下：

> 今夫工，群萃而州处，相良材，审其四时，辨其功苦，权节其用，论比计制，断器尚完利。相语以事，相示以功，相陈以巧，相高以知事。旦昔从事于此，以教其子弟。少而习焉，其心安焉，不见异物而迁焉。

三、严格、缜密的技术标准是催生"良工""良器"的前提

齐国的手工业种类繁多，号称"百工之事"，冶铁、制陶、纺织、酿造、制车、造船、漆器等行业，都有各自严格的质量标准要求。尤其是对器物的制造、尺寸大小、质量检验、生产管理和专业分工等都有详细的规定，展现出极高的制作水准。

（一）关于手工技术标准要求

《考工记》是对齐国手工业技术经验的科学总结，其中对生产技术，产品质量和尺寸大小等都有严格、具体的要求。

《考工记》中有一段文字非常精当地记载了车轸、戈柲、人、殳、车戟和酋矛六者的高度及其之间的差数，说明了三个要点。一是观察车的质量，即看榫卯结构是否严密紧固；二看车轮之圆是否"中规"而"微至"，即车轮圆，着地均匀，易于转动，走起路来省力轻捷，反之，车拉起来费力迟缓；三要看高低是否合适，即轮高，则人上车困难，轮过低，则辕驾不便。这是对车总的质量与规格的要求。对于车的各个部件的制造技术与质量标准及尺寸的大小，《考工记》亦有更进一步的详细规定。同车工一样，《考工记》对其他手工行业的工种、部件、质量标准等都有一套完整、详细的规定。

（二）关于工艺技术标准要求

以《考工记》为代表的齐国工艺典籍对一些具体的制作工艺做了大量的记述。比

如由灰涷到水涷的涷丝过程，涷染三次成为深红色（"纁"），涷染五次方成浅黑色（"缁"），而要染成深黑色（"缁"），则必须经过七次涷染。

随着冶金技术的进一步提高，齐国出现了人工控制铜锡铅配比的高新技术，《考工记》称之为"金有六齐"，不同配比所造出的器物光泽不同，质地、音色各异。除"六齐律"外，在冶炼熔铸过程中，《考工记》对火候的辨认与掌握也有精当的记述、记载，如要求对矿石要反复冶炼，直到纯净得没有杂质为止。由于古代没有仪器来精确测量温度，所以只能凭经验、看火候，看气体的变化。"凡铸金之状，金与锡，黑浊之气竭，黄白次之；黄白之气竭，青白次之；青白之气竭，青气次之"（《考工记·攻金之工》），到这种程度，"然后可铸也"。意即在铜锡合金的冶炼过程中，开始由于杂质多，故有黑浊气体，随着温度的升高，会先后产生黄白、青白等气体，至青气出现，方才达到"炉火纯青"的程度，这时就可以开炉浇铸了。

（三）对工艺美学的要求

《考工记》集中体现了中国传统工艺美学思想——中和之美。《考工记》认为天时会对工艺品的质量产生至关重要的影响，"天时"与"地气"是促成"材美""工巧"的两个客观因素。制作器物时，匠人们必须按照其特点和要求选择最佳的时节动工，这样做出的器物才可能是精良之作。而所谓的"地气"，从现代科学的角度来看，是指地理、地质、生态环境等客观因素，地理环境的变化，会影响动植物的变异乃至生存；不同的矿物成分以及水中微量元素的差别，都会带来金属制品的组织变化和热处理效果的不同，这也正是能制成精良的郑之刀、宋之斤、吴奥之剑的原因。可以说，《考工记》总结的"材美""工巧"等合乎自然规律的工艺美学制作要求，也是当代工艺设计必须遵循的一条重要原则。

战国错金银嵌松石铜牺尊　收藏单位：齐文化博物院

四、完善的生产经营、管理和监督制度，
是产品质量一流、卓越的有效保障

《管子》《考工记》等典籍对手工业各工种、部件的技术质量的规定非常细致、科学，为了保证这些标准能实施到位，制造出优良的产品，齐国专门设立"工师"一职来监督制造工作，对生产者进行管理。"工师"具有很高的社会地位，其以丰富的经验和精湛的技能，指导工匠生产，监督产品质量，为生产出高质量的产品把关。这里的"工师"类似于现代制造业中的技术监督员，是杜绝残次品产生的第一道屏障。可以说，"工师"的设置，使齐国手工业产品的数量、质量乃至生产效率都有了可靠的保障。

此外，一件手工产品往往非一人一次完成，而是经由生产组织内部细致分工，匠人通力配合，共同完成的。《考工记》记载，像车、铜器、兵器、陶器、纺织品等的制作，都需要多人多道工序才能完成，即所谓"一器而百工聚焉"。单是车的制作，就需要轮人、舆人、辀人等分工协作。没有严格的管理制度和有效的协作配合，是很难完成器物制作的。齐地考古还发现，一些器具、工艺品上刻有产地、时间乃至制作者姓名等信息，专家推测，这很可能是便于质量的倒查与追究而制定的规范。正是因为有了严密的分工协作和严格的质量监督体系，齐国的手工艺产品的质量才达到了前所未有的水平。

齐国的攻城器械——云梯（模型）

对于中华优秀传统文化，习近平总书记一再强调，要进行创造性转化和创新性发展，要不忘本来，面向未来，吸收外来。中华民族的伟大复兴呼唤卓越的工匠精神。高等职业院校作为高技能人才的输出地，无疑承担着培养工匠精神的重要使命。我们相信在习近平新

时代中国特色社会主义思想的指引下，在社会主义核心价值观的弘扬和践行下，工匠精神必将在民族复兴的伟大实践中焕发出新的时代光彩，必将助力大国工匠的成长，为青年一代追求美好生活强壮"精气神"，为他们创造美好生活提供"金刚钻"。

｜思考题｜

1. 试述齐文化与职业教育的关系。

2. 试述齐文化与社会主义核心价值观的关系。

3. 试述齐文化中工匠精神的体现。

齐文化视野下的淄博职业学院
精神解读与应用

一、淄博职业学院精神的历史文化渊源

"大学精神"是指大学自身存在的和其在发展过程中所形成的具有独特气质的精神文明成果。大学精神以育人为第一要旨，以全面人才教育为使命。习近平总书记说过，大学是立德树人、培养人才的地方，是青年人学习知识、增长才干、放飞梦想的地方。围绕"立德树人"的教育目标，在推进高等教育内涵式发展的过程中，淄博职业学院形成了"求真务实、拼搏创新、团队合作、争创一流"的学院精神。

首先，淄博职业学院精神（以下简称淄职精神）的产生有其深刻的历史文化渊源。淄博职业学院组建于2002年7月，是淄博市人民政府主办的一所全日制普通高等学校，坐落于齐国故都、工业名城、国家园林城市、全国文明城市山东省淄博市。淄博是先秦齐国故都，这里曾经孕育了一大批彪炳青史的杰出人物，有辅佐武王建周的姜太公，有辅佐齐桓公成就"春秋首霸"大业的管仲，有"折冲樽俎"的晏婴，有身残志坚的军师孙膑，有卓越的军事家田单，有中医学始祖扁鹊，有天文学家甘德等。这些杰出人物身上都有求实、奋斗、拼搏、创新、卓越的闪光点，这些精神激励着世世代代的齐地人在逆境中奋发向上、激流勇进，在顺境中居安思危、不忘初心。齐国历史上的伟大作品，如《六韬》《管子》《晏子春秋》《考工记》《孙子兵法》《孙膑兵法》《司马穰苴兵法》《天文星占》等，均说明了齐人不仅奋发有为，而且充满智慧。

齐文化中的奋斗、开放和不断追求卓越的精神，为淄博职业学院走内涵式发展道路提供了源源不断、取之不竭的智慧。淄博职业学院组建晚、基础差、底子薄，如何在高职院校的激烈竞争中脱颖而出，如何在职业教育大发展中赢得一席之地，成为学院初建时面临的首要问题。淄博职业学院结合自身特点，立足区域经济社会发展、瞄准一流目标、把握高职发展前沿、树立质量立校观念，确立了"崇尚实践精神，铸就技术品质；立足区域经济，培养职业人才；瞄向世界办学，打造教育品牌"的办学理念，形成了"求真务实、拼搏创新、团队合作、争创一流"的淄职精神和"只有拼搏，才是人生价值的最好体验"的校训等一整套系统的核心发展理念。

二、淄职精神的确立是时代发展的现实需要

淄职精神的形成还有其深刻的现实基础。今天的人们生活在一个科技创新的时代、信息化时代，尊重科学、发展科学成为不可阻挡的时代潮流。科技兴则国家兴，那么尊重科学、发展科学的最终目的是什么？绝不是为了科学而科学，终极目的还是为"人"服务，造福人类文明。因此，我们认为，在发展科技的同时不能忽略人性的塑造，否则培养出的就是只掌握技术而灵魂苍白的"空心人"。探索科技与人文汇通之路，则需要进行以人性教育、全人教育、通识教育为主体的综合教育。淄职精神的提出正适合时代需要。

"求真务实、拼搏创新"，诠释的是人的精神状态，考量的是人的本质力量，展现的是人的主观能动性得到最大程度发挥的"人工世界"。"团队合作，争创一流"，诠释的是产业集群、协同创新活动，考量的是价值的最终追求，展现的是相关系统要素应有效和有机搭配，以实现价值最优的目标。齐国科学技术的重要著作《考工记》认为，"天有时，地有气，材有美，工有巧"。在器物制造的过程中，工匠价值如何体现？《考工记》认为，一件器物或者设计品所展现的综合价值，是多种因素共同作用的结果。大自然的"天有时，地有气"，以及特殊制作材料的"材有美"，是自然界的物质，是不以人的意志为转移的客观存在。但如果只具备这些条件，是不能制作出"良器"的，必须要配合"巧工"才行。

这里的培育"巧工"，不是仅仅针对培育"巧工"而培育"巧工"，而是要从管理层面，从整体社会组织结构上来规范或培育"巧工"。邹其昌在《〈考工记〉与中华工匠文化体系之建构》一文中对《考工记》的七大系统建构做出考量："第一是社会结构系统中的工匠文化体系建构；第二是行业组织结构系统中的工匠文化体系建构；第三是技术系统中的工匠文化体系建构；第四是协同创新系统中的工匠文化体系建构；第五是评价考核系统中的工匠文化体系建构；第六是艺术审美系统中的工匠文化体系建构；第七是礼乐文化系统中的工匠文化体系建构。"

可见，"巧工"的培育，是一个系统工程，涉及管理、考核、评价、技术、技术文化等多个核心内容。只有这些核心内容都具备，才能培育出真正的"巧工"，才能

培育出有灵魂、有信仰、有匠心，具有工匠精神，追求卓越，追求一流品质的"巧工"。"求真务实、拼搏创新、团队合作、争创一流"的淄职精神，正是学院秉持内涵式发展思路和质量发展理念，力图建构特色文化体系，从而培育适应社会发展的合格的职业人才的真实写照。

三、齐文化中的拼搏奋斗精神与淄职精神的有机融合

一部齐国史，可以说是一部国家振兴、由弱到强的奋斗史。姜太公因地制宜，推行一系列改革政策，奠定了齐国富强的基础。管仲辅佐齐桓公，在政治、经济、社会、科技、教育等领域进行了大刀阔斧的改革，成就了"九合诸侯，一匡天下"的伟业。齐威王厉行法治，悬赏纳谏，从谏如流，使齐国成为东方大国。可以说，齐国八百年的历史，就是一部开拓史、奋斗史，也是一部变革史、创新史。支撑齐国发展的强大动力是在困境和危难中的务实与不屈精神，在崛起和竞争中的奋斗与变革精神。淄博职业学院正是继承了齐文化中的拼搏奋斗精神，自组建学院那一天起，全体学院人就立志奋斗，并在艰苦创业、奋力前行中自然形成了"拼搏就是人生价值的最好体验"的校训。以下，我们将从两个方面，即逆境中的务实与开拓精神以及顺境中的奋斗与创新精神入手，来论述齐文化中的拼搏奋斗精神对淄职精神的引导和启示。

（一）逆境中的务实与开拓精神

不论是人还是国家，抑或是任何单位、组织，在其成长、发展过程中都可能遇到逆境和顺境两种状态。逆境对弱者来说意味着无望和失败，对于强者来说，恰恰是磨炼、成长、希望和机遇。姜太公封齐建国的历程，就是在逆境中劈波斩浪、在困难中华丽转身的力证。

1. 齐国初立国时所面临的困难和生机

商灭周兴，为了藩屏周室，周王采取了分封制，分封天下诸侯，姜太公以首功被封到齐地营丘。当时，齐地方国众多，如莱国、谭国、蒲姑国等，这些地方邦国世代居住东夷，势力强盛。周朝建立后，周王派姜太公到齐地，以稳定东部地区的统治。姜太公临危受命，担负起靖边的大任。他到齐地建国的过程注定不可能是一帆风顺的，而是充满了风险和不确定性，开始就遇到了莱夷的武力抗争。《史记·齐太公

世家》记载，姜太公在东行就国的路途中，开始时是晓行夜宿，不慌不忙。后来有人提醒他："吾闻时难得而易失。客寝甚安，殆非就国者也。"姜太公顿时意识到事态严重。时间紧迫，他立即命令部队昼夜兼行，黎明之前即赶到营丘，当时正好遇到前来争夺的莱人。姜太公先礼后兵，最终击退莱人，占领营丘，定都建齐。

太公建齐，仅仅是建立了一个政治上的合法政权，然而如何稳定这一政权，并使其步入正常发展轨道，是摆在太公面前的一个重大而急迫的问题。要解决这一重大问题，先要解决面临的其他种种难题。

第一，当时齐地的自然条件比较恶劣，《史记·货殖列传》记载："地潟卤，人民寡。"《盐铁论·轻重》载："昔太公封于营丘，辟草莱而居焉，地薄人少。"可见，齐地濒海地薄、人烟稀少，劳动力缺乏，不具备大力开垦土地、发展农业的良好自然条件。作为初来乍到的齐君姜太公，该何去何从？是望而却步，止步不前吗？是既来之则安之，向命运低头，还是披荆斩棘，绝地求生？毫无疑问，开国之君姜太公选择了后者，他既没有因前方路途布满荆棘而胆怯，更没有选择平庸和按部就班。太公冥思苦想，打开思路，走了一条不同于周朝和其他诸侯国的发展道路。

第二，面临人才基础不稳固的难题。太公要稳定统治，就必须依赖各类人才为其出谋划策。然而，齐地士人恰恰给太公出了一个大难题，他们采取"非暴力不合作"的态度，与太公的新生政权作对抗。狂矞、华士二人达成协议："吾不臣天子，不友诸侯，耕作而食之，掘井而饮之，吾无求于人也。无上之名，无君之禄，不事仕而事力。"（《韩非子·外储说右上》）狂矞、华士二人是齐地有名的贤者，二人公然对抗新生政权的行为，无疑会带来反面效果，进而造成人心不稳、百姓对政权不信任的不利局面。这样的突发事件是对太公政治素质、政治能力，以及对其是否具备掌控全局能力的一大考验。当断不断，反受其乱，太公立即处理，"使吏执杀之以为首诛"，杀掉了不肯臣服的狂矞、华士二人。此举也消除了齐地士人的观望之心，为此后人才政策的顺利推行扫清了障碍。

第三，东夷人独特的礼俗习惯，对太公建国后推行其政策来说是一大挑战。"夷"的称谓约产生于夏代，与华夏之称相区别，起初只是一种泛称，并无方位指向，如《左传·昭公十七年》曰："天子失官，学在四夷。"所谓四夷，指东、西、南、北夷。将东夷方位化，是从《礼记》开始的，《礼记·曲礼下》说："东夷、北狄、西戎、南蛮,虽大曰'子'。"《礼记·王制》又说:"东方曰夷。"东夷有许多部落,称为九夷。东夷著名的部族首领有蚩尤、少昊、大舜等。东夷文化创造了辉煌灿烂的后李文化、北辛文化、大汶口文化、龙山文化、岳石文化。姜太公封齐之前,东夷族的一支莱夷族就在潍淄流域创造了灿烂的文化和发达的原始农业。东夷人在饮食、起居、服饰、婚丧、节庆、信仰、娱乐、生活等方面,都有独特的规定和禁忌。这对姜太公之后推行政令和经济发展政策都带来了困难,如果处理不好,可能会引发动乱。

"时难得而易失",太公耳畔和心中始终萦绕着东行就国时听到的这句话。机遇,可遇而不可求,机遇来临,必须当机立断,紧抓不放,必须立刻反应,立即分析问题,想出解决和应对之策,否则机遇转瞬即逝,流失于转念之间,再费百倍之力亦难以追寻。姜太公分析了齐国当时所面对的三大难题之后,有针对性地制定了解决方案。第一,制定并实施了工商立国的经济发展方针。齐地土地贫瘠,不适合发展农业,然而,齐地有其独特的自然优势,那就是负海,有丰富的渔业资源,齐地还有植桑养蚕、制陶、冶炼等传统手工业,这些都是发展工商业的便利条件。因此,姜太公因地制宜,不失时机地确立了工商立国的经济方针,"通商工之业,便鱼盐之利",很快,齐国就发展成为"冠带衣履天下"的富强之国,"人民多归齐,齐为大国"。第二,制定并实施了尊贤尚功的用人政策。面对当地士人的不合作态度,太公果断处决顽固对抗者后,又以温情的姿态接纳各方力量,使其为新政权服务。《吕氏春秋·长见篇》载:"吕太公望封于齐,周公旦封于鲁,二君者甚相善也。相谓曰:'何以治国?'太公望曰:'尊贤尚功。'周公旦曰:'亲亲上恩。'"贤,是指有德有才的人;功,是指为国为民出力且卓有功绩的人。只要有德、有才、有功,不论出身和门第,均有机会得到尊重和任用。这一用人政策打破了民族、阶层、行业、地区和国界的限制,使参政大门变得宽阔而开放。这不仅缓解了当地士人的对立情绪,而且极大地调动了士人们的政治积极性,扩大了统治基础,加强了统治力量。第三,制定并实施了和缓的民族发展政策,即"因其俗,简其礼"。所谓"因其俗",就是对东夷人的生活方式、风俗习惯,因袭照旧,不加任何改变,更不使用行政命令强制革除。所谓"简其礼",就是对东夷人的现存制度,不采取暴风骤雨式的手段进行革除,而是采取比较稳妥的、隐蔽的、渐进的方式,进行适度地和平改造。

综合分析姜太公立国所面临的形势及其推行的各项政策，我们可以看出，齐国立国，极富开拓性和创新性、突破性和务实性、前瞻性和延展性。所谓开拓性和创新性，是指太公不畏艰难，因地因时，随机应变，做出了前人未有的新事业，为后人开创新了局面；所谓突破性和务实性，是指太公敢于挑战旧势力、旧传统，敢于突破质疑，突破惯性思维，扎扎实实地解决问题；所谓前瞻性和延展性，是指太公推行的各项政策并非权宜之计，而是持续的、长久的和稳定的，他开创的经济、政治、文化政策均被后世齐君所继承。

2. 不惧重重困难，奋勇向前

淄职精神中的"求真务实、拼搏创新"，正是承继了齐文化开拓、创新、务实、拼搏的精神。学院从成立到发展壮大，是淄职人勇于担当，排除万难、披荆斩棘、勇敢前行的伟大历程。2002 年 7 月，经山东省人民政府批准、教育部备案，原山东省淄博商业学校、淄博化工学校、淄博市公用事业技工学校、淄博市公贸职工中专学校四校合并，组建为一所高等职业院校，淄博职业学院的名字第一次出现在大众的视野中。从中专到高职，表面上看，似乎是取得了巨大的成功，但实际上对淄职人来说，这是一场难度空前的巨大挑战。首先，二战后，世界发达国家的职业教育因获得政府和公众的重视而得到迅猛发展，高职教育与这些国家的经济体系紧密结合，同时为社会发展注入创新驱动力。反观我国的高职教育，不论理念还是发展现状，都远远落后于发达国家。其次，随着我国社会主义市场经济体制的建立和发展，社会经济快速发展，科技发展日新月异，产品技术含量不断提升，产品加工和技术服务对专业人才职能化的要求不断提高，迫切需要大批既有良好的理论基础，又有较强实践操作能力，可直接面向生产、建设、服务和管理一线的应用型专业人才。再次，淄职成立之初，面临着巨大的困境。4000 余名在校生、12 个高职专业，专职教师不足 300 人，500 多亩的校园分四个校区散落在张店城区各处，各校区的文化传统也有所不同，这些都是摆在淄职人面前的困难。把学院建设好、发展好，是淄博市委、市政府的殷切期望，是全市人民的迫切期待，也是落在淄职人肩上的光荣使命和神圣职责。责任意味着拼搏，淄职人从此踏上了一条艰辛的拼搏之路。

（二）顺境中的奋斗与创新精神

人们都期盼诸事顺利，心想事成，在顺境中人们会感到舒心畅快，怡然自得。但是，顺境也意味着安逸，意味着满足，它往往会让人不思进取，得过且过，如温水煮青蛙一般，伤人于无形。孟子曾说"生于忧患，死于安乐"，无论个人还是国家，遇到顺境，就更要保持清醒的头脑，要有忧患意识、使命意识，不忘拼搏，勇于奋斗，敢于变革，勇于创新，唯此才能一往无前，走向辉煌。

1. 齐国面对的机遇与逐梦精神

齐国立国之初，面对恶劣的自然条件，姜太公因地制宜，不失时机地确立了"通商工之业，便鱼盐之利"，"劝女功，极技巧"的经济发展方针，很快，齐国就发展成为"冠带衣履天下"的富强之国，出现"人民多归齐"的局面。

《管子》指出，能否抓住和运用好机遇，是大国能否崛起、能否成就霸业和王业的关键。"君人者有道，霸王者有时。国修而邻国无道，霸王之资也"（《管子·霸言》）。在各诸侯国的竞争态势下，一些国家丧失了发展机遇，无形中就为他国创造了发展和崛起的机会。《管子·霸言》指出，"圣人能辅时，不能违时，智者善谋，不如当时。精时者，日少而功多。夫谋无主则困，事无备则废。是以圣王务具其备，而慎守其时。以备待时，以时兴事。"凡成大事者，要善于捕捉机遇，绝不能贻误时机。善于谋事固然重要，但更要抓好时机。精于时机，费力少而成果大。怎样精于时机，抓好时机呢？一定要善于谋划。齐桓公曾问管仲"国君之信"，也就是国君的威信如何确立。管仲回答，"始于为身，中于为国，成于为天下。"春秋时期，王室衰微、四夷交侵，齐国内部又动乱迭起，政令无常，导致社会矛盾激化。齐桓公登上君位后，面对复杂的国内外局势，在管仲有力地辅佐下，对内富国强兵，轻刑薄赋，在政治、经济、社会、科技、教育等领域进行了大刀阔斧的改革；对外存亡国，继绝世，以利交诸侯，以信结他国，以武慑邻国，为齐国赢得了声望和威信，使其他诸侯国真心归服，尊其为霸主。

桓管君臣面对内外严峻局势，统筹规划，未雨绸缪，定下决策后果断实施，时机来临便一举成事。是什么力量让齐国君臣不畏艰险，排除万难，最终成为诸侯国之翘楚？谋划和时机固然重要，但齐国上下的逐梦精神，更是其能在乱世争雄中成就霸业的精神支柱和灵魂支撑。曾几何时，齐桓公怀着平定齐国、安定社会的目的，请教管仲何以安社稷。管仲对曰："君霸王，社稷定。君不霸王，社稷不定。"（《管子·大匡》）齐桓公曰："吾不敢至于此其大也，定社稷而已。"在齐桓公心里，齐国内部安定、人民富足便是他作为国君的最高理想。但是，管仲斩钉截铁地说，必须要定下更高目标，即称霸诸侯，否则不仅他留在齐国失去了意义，而且所谓的社稷安定也不能长久维持，或者说只是虚假的平安和繁荣。"君免臣于死，臣之幸也。然臣之不死纠也，为欲定社稷也。社稷不定，臣禄齐国之政而不死纠也，臣不敢。"（《管子·大匡》）在管仲看来，争霸是时势要求和历史的必然选择，如果不争霸，必将摆脱不了被削弱乃至被吞并的命运。齐桓公也很快认识到管仲谋略之深远。在周王室衰微、诸侯纷起而争的局面下，要想活下来，并且强大起来，就只有富国强兵、与他国争雄一条出路，其他别无选择。

为了富强安定这一共同的目标、共同的梦想，齐国君臣勠力同心、奋斗不息，留下了一段段千古佳话。鲍叔牙深知管仲能力超群，足以辅佐齐桓公成就大业，因此，为了齐国的未来，他主动放弃相位，极力向齐桓公举荐管仲为相，才有了后来的桓管改革。管仲和鲍叔牙在公子纠与小白争夺君位的过程中，各为其主，管仲曾经射中齐桓公的衣带钩，齐桓公差点因之丧命。齐桓公本打算找管仲报一箭之仇，可在鲍叔牙的劝说下，他不仅未治管仲之罪，反而获得君位后，任命管仲为相，尊称其为仲父，并委以改革重任，这才有了后来的宏图大业。而管仲在公子纠争夺君位失败、同僚召忽殉节的情形下，不死君而死社稷，不计较身后之名，处处考虑的是齐国的前途和大业。齐桓公、鲍叔牙和管仲君臣三人不计较个人得失，最终实现了齐国的霸业。

2. 拼搏谋出路，创新谋发展

淄职精神"团队合作、争创一流"，继承了齐文化追逐梦想、捕捉机遇，同心同德、追求卓越的精神。学院最初组建时，底子薄、起步晚，从中专学校合并升格为高职院校，开始从事高等教育，既有职业教育属性，又有高等教育属性，面临巨大的压力和激烈的竞争。如果不变压力为动力，实现跨越式发展，学院将会惨遭淘汰，这是任何人都不希望看到的。为此，学院提出了建设"全国一流职业学院"的发展目标。经过多年努力，学院发展实现了重大突破，现全日制在校生达两万余人，各项管理制度基本健全，管理工作日趋规范，品牌得到了大幅提升，2007年入选国家示范性高等职业院校建设单位，2010年顺利通过教育部、财政部验收并获得优秀等级。

近几年，学院抓住评估和示范校建设的机遇，走上了创新发展之路。第一，建立了科学的组织架构体系。高职院校培养的是高素质技术技能型人才，其组织架构不同于普通高等院校，需要创新。合作设计、合作培养、合作评价、合作就业、合作发展是高职教育的基本特色。入学方式多样化、生源多样化、培养模式多样化、社会服务多样化是高职教育的发展趋势，加快提升质量和追求卓越绩效是新时代高职院校的核心任务。学院自2002年开始探索如何打造有特色的组织架构，确定和建立了四级职责体系，根据部门和岗位设置，逐级将职责分解，落实各自职责，建立起从学院到部门、到科室、到岗位的四级职责体系。第二，建立了科学的"能上能下"的用人机制。地尽其利，人尽其才，是国家和社会发展的理想目标，也是不竭动力。为做到"人尽其才"，学院经过深入调研，在征得上级部门同意后，率先进行人事制度改革，以岗定人，实行岗位管理，所有教职工一律通过竞争竞聘上岗。全员竞聘上岗机制的实施，极大地调动了教职工的工作积极性，一大批德才兼备的人才从中脱颖而出，为学院实现跨越式发展提供了人才保障。第三，建立了绩效考核机制。质量是学校生存的根本，而绩效则是学校可持续发展的保障。绩效考核是学院领导提高管理效率及改进工作的重要手段，是调动部门和员工积极性及谋求发展的重要途径，是深化内涵建设和提升质量的重要方式，是提升综合竞争力的有效抓手。

国家示范校项目建设结束后，学院又面临新一轮发展方向在哪里的问题。学院没有沉迷于过往成绩、满足现状，没有止步不前，而是认定卓越永远在路上，提出了"巩固、提高、内涵发展"的要求，决定继续扎实走好内涵式发展道路。《管子》强调了人才的重要性，"一年之计，莫如树谷；十年之计，莫如树木；终身之计，莫如树人"。习近平总书记指出，大学是立德树人、培养人才的地方，是青年人学习知识、增长才干、放飞梦想的地方。"国势之强由于人，人材之成出于学"，培养社会主义建设者和接班人，是我们党的教育方针，是我国各级各类学校的共同使命。大学对青年成长成才发挥着重要作用。高校只有抓住培养社会主义建设者和接班人这个根本才能办好，才能办出一流大学。学院秉承立德树人这一根本任务，始终把培养全面发展的人、培养社会主义建设者和接班人作为首要任务。为了培养全面发展的人，学院尤其重视特色文化建设，着重培育大学生的社会主义核心价值观。为此，学院开设了"思源讲坛"，以更好地促进大学生的全面发展为目标，邀请省内外知名人士和校内外各领域的专家、学者主讲，采取互动的形式，以专题讲座为主，以对话、讨论、辩论等其他形式为辅，形成了特色鲜明的思源讲坛文化。学院发扬区域特色，为弘扬和传播中华优秀传统文化，开办过"中国传统孝道文化""跟着蒲松龄学经商""传递梦想、创造神奇""爱拼才会赢——快乐工作、励志成功""找回缺失的翅膀——传统文化对大学生的作用""选择奋斗、青春无悔""我的中国梦——奋斗的青春最美丽"等讲座。这些讲座开阔了学生的视野，丰富和完善了学生的知识体系，在文化育人中发挥了重要作用。学院还于2015年成立了稷下研究院，实施了"七稷一馆"文化工程，旨在挖掘和重塑"稷下文化"，为学院的发展赋予新的文化意义。

通过多年的不懈努力，拼搏着一路走来，从壮志满怀，转而成为师生共同的自然而然的坚持和信守，大家从拼搏中学会了求真，学会了求实，学会了团结，学会了进取，学会了创新，学会了永不满足，学会了永远向前，要奔向更高、更远的未来，这便是淄职精神之所在：求真务实、拼搏创新、团队合作、争创一流。

参考文献

［1］《诗经》，上海古籍出版社1988年版。

［2］《周礼》，中华书局1980年版。

［3］《礼记》，上海古籍出版社1988年版。

［4］《战国策》，上海古籍出版社1985年版。

［5］［春秋］左丘明：《国语》，上海古籍出版社1988年版。

［6］［汉］司马迁：《史记》，中华书局1982年版。

［7］［汉］班固：《汉书》，中华书局1962年版。

［8］［汉］许慎：《说文解字》，中华书局1979年版。

［9］［南朝宋］范晔：《后汉书》，中华书局1965年版。

［10］吴则虞：《晏子春秋集释》，中华书局1962年版。

［11］杨伯峻译注：《论语译注》，中华书局1980年版。

［12］袁珂校注：《山海经校注》，上海古籍出版社1980年版。

［13］王利器：《新语校注》，中华书局1986年版。

［14］［汉］刘向撰，向宗鲁校正：《说苑校正》，中华书局1987年版。

［15］赵守正：《管子通解》，北京经济学院出版社1988年版。

［16］杨伯峻译注：《春秋左传注》，中华书局1990年版。

［17］［汉］贾谊撰，阎振益、钟夏校注：《新书校注》，中华书局2000年版。

［18］王利器：《吕氏春秋注疏》，巴蜀书社2002年版。

［19］郭沫若：《卜辞通纂》，科学出版社1983年版。

［20］黄现璠、刘镛：《中国通史纲要》，上海人民出版社1983年版。

［21］山东省地方史志编辑委员会：《山东各地概况》，山东人民出版社1986年版。

［22］刘敦愿、逄振镐：《东夷古国史研究》，三秦出版社1988年版。

［23］王阁森、唐致卿：《齐国史》，山东人民出版社1992年版。

［24］王志民：《齐文化概论》，山东人民出版社1993年版。

［25］刘武军、张光明：《文物考古与齐文化研究》，山东大学出版社1996年版。

［26］山东孔子学会编:《鲁文化与儒学》,山东友谊书社1996年版。

［27］郭墨兰主编:《齐鲁文化》,华艺出版社1997年版。

［28］《齐文化丛书》编辑委员会编:《齐文化丛书》,齐鲁书社1997年版。

［29］宣兆琦、杨宏伟等:《齐国史话》,兰州大学出版社1997年版。

［30］陈登原:《中国文化史》,辽宁教育出版社1998年版。

［31］刘振清主编:《齐鲁文化:东方思想的摇篮》,商务印书馆1998年版。

［32］宣兆琦、李金海:《齐文化通论》,新华出版社2000年版。

［33］杨朝明:《鲁文化史》,齐鲁书社2001年版。

［34］宣兆琦:《齐文化发展史》,兰州大学出版社2002年版。

［35］邱文山:《齐文化与先秦地域文化》,齐鲁书社2003年版。

［36］安作璋、王志民主编:《齐鲁文化通史》,中华书局2004年版。

［37］王志民:《齐鲁文化概说》,山东文艺出版社2004年版。

［38］宣兆琦、张士友、朱于敬主编:《齐鲁文化与素质教育》,中国海洋大学出版社
2005年版。

［39］郭墨兰、吕世忠:《齐文化研究》,齐鲁书社2006年版。

［40］王修智:《齐鲁文化与山东人》,山东人民出版社2008年版。

［41］王克奇:《齐文化新探》,山东人民出版社2006年版。

［42］邱文山:《齐文化与中华文明》,齐鲁书社2006年版。

［43］宣兆琦:《齐文化与山东文化大省建设研究》,中国海洋大学出版社2007年版。

［44］逄振镐:《齐鲁文化研究》,齐鲁书社2010年版。

［45］邱文山:《地域文化视阈下的齐文化与鲁文化》,北京燕山出版社2013年版。

［46］宣兆琦等:《海岱地区古代文明的起源与发展》,齐鲁书社2014年版。

［47］任者春、郭玉锋主编:《齐鲁文化与社会主义核心价值体系研究》,山东人民出
版社2014年版。

［48］周立升、蔡德贵主编:《齐鲁文化通论》,山东人民出版社2015年版。

［49］车广锦:《海岱地区文明起源初探》,《东南文化》1994年第4期。

后　记

本书是山东省2015年弘扬中华优秀传统文化重点研究项目"齐文化的普及化研究"（15BZBJ04）、山东省职业教育教学改革研究2019年度一般资助项目"齐文化'一课三平台'育人模式构建与实践——以淄博职业学院为例"（2019106）、2020年度山东省社会科学普及应用研究项目"齐文化通俗读本"（2020-SKZZ-69）的研究成果。在本书付梓之际，作为编著者，我们首先应当向所有支持、关心和帮助这项工作的领导和专家学者表示诚挚的谢意。

2019年7月，中共山东省委书记刘家义在国务院新闻办为庆祝新中国成立70周年举办的"新时代　新动能　新山东"新闻发布会上指出，要实施一系列举措，推动中华优秀传统文化的传承和转化；要确定一个目标，在弘扬中华优秀传统文化、建设社会主义核心价值体系中走在前列；同时构建五大体系，即中华优秀传统文化研究阐发体系、普及教育体系、实践养成体系、保护传承体系、传播交流体系。2019年9月，淄博市委书记江敦涛在第十六届齐文化节开幕式上指出，齐文化作为齐鲁文化的重要组成部分和中华文化的重要源头，是淄博老工业城市转型发展、凤凰涅槃、加速崛起最为宝贵的精神动力。由此可见，《齐文化通俗读本》的出版可谓恰逢其时。

本书具体分工如下：

统筹协调、审稿　　　　　　　　　　——张爱民、宣兆琦、张森

第一章、第二章　　　　　　　　　　——赵金涛

第三章　　　　　　　　　　　　　　——郭丽

第四章、第五章第一节、附录　　　　——宣兆琦、姜淑红

第五章第二节	——赵洋
第五章第三节	——蔡军
第六章	——王书敬
插图及文字说明	——杜国建

　　在本书编写过程中，我们定期召开研讨会，探讨和交流疑难问题。大家怀着对齐文化的深切感情，对每句话、每段文字、每个主题、每个构思和架构都细加推敲和琢磨。诚如傅斯年先生所说，"上穷碧落下黄泉，动手动脚找东西"，我们虽不能至，但心向往之。秉持对图书内容高度负责的态度，我们经常为求证某个新观点，或者某段文献，甚至某个字，反复查阅相关书籍和文献。大家这种科学求真的态度和吃苦耐劳的精神在当今时代尤为可贵，值得继续发扬。

　　《齐文化通俗读本》的顺利出版，得益于淄博职业学院领导班子的高度重视和大力支持，以及齐文化研究专家、学者和社会贤达们的大力帮助。山东人民出版社的领导和编辑同志为《齐文化通俗读本》的顺利出版付出了辛勤的劳动，在此一并表示真挚的感谢！

　　由于学术水平所限和经验不足，全书仍有不尽如人意的地方，甚至会有错讹之处，恳请读者给予指正。

编著者

2020 年 7 月